KUNYAZA

Multiple Orgasmen und weibliche Ejakulation mit afrikanischer Liebeskunst

Dr. Nsekuye Bizimana

KUNYAZA

Multiple Orgasmen
und weibliche Ejakulation mit
afrikanischer Liebeskunst

HANS-NIETSCH-VERLAG

Dieses Buch ist meinen Ahnen gewidmet, die dank einer bemerkenswerten Beobachtung die Methode des „Kunyaza" entwickelt und anschließend bis heute von Generation zu Generation weitergegeben haben.

Ich widme es außerdem all den Leserinnen und Lesern, denen die vielen Hinweise und die Anleitungen in der ersten Ausgabe dieses Buches geholfen haben, ihr Liebesleben deutlich zu verbessern.

Titel der Originalausgabe: *Le Secret de l'Amour à l'Africaine: La Caresse Magique que Chaque Homme Devrait Connaître,*
erschienen bei Leduc.s éditions, Paris

2. Auflage, Mai 2023

Übersetzung: Helga Schenk
Redaktion und Lektorat: Martina Klose
Korrektorat: Sylvia Schaible
Illustrationen: Juan Pablo Giomez, Matthias Knapp, Simon P. Schrieber
Umschlaggestaltung, Innenlayout und Satz: Devam Will
Coverfoto: Carole Gomez, iStockphoto
Druck: Dimograf, Bielsko-Biała/Polen

Hans-Nietsch-Verlag
Industriestraße 20
64380 Roßdorf

www.nietsch.de
info@nietsch.de

ISBN 978-3-86264-880-1

Inhalt

Dank

Danken möchte ich allen, die – in meinem direkten Umfeld und aus der Ferne – an diesem Buch mitgewirkt haben. Insbesondere gilt mein Dank den vielen Frauen und Männern, die sich freundlicherweise für die Interviews zur Verfügung gestellt haben. Es sind zu viele, um sie hier alle namentlich zu nennen. Mein besonderer Dank jedoch gilt Innocent Mugabire, Priscilla Kakuze, Victoria Nzirankunda und vor allem auch Jacques Bigirimana und Anaclet Sezibera. Sie haben durch ihre besonders umfangreichen Informationen entscheidend dazu beigetragen, dass ein so gut recherchiertes Buch entstanden ist. Außerdem haben Sie mich dazu ermutigt, meine Recherchen fortzuführen und dieses Buch zu veröffentlichen.

Vorwort

Liebe Leserinnen und Leser,

es gibt immer noch viele Männer, die nicht wissen, dass die meisten Frauen allein durch vaginale Penetration keinen Orgasmus bekommen – das ist allerdings leider die Wahrheit. Sex-Experten auf der ganzen Welt sind sich einig: 70 Prozent der Frauen kommen auf diese Weise nicht zum Orgasmus. Wenn man andererseits davon ausgeht, dass ein großer Teil der Paare nur diese Techniken anwendet, kommt man zu dem traurigen Schluss, dass die meisten Frauen vielleicht nur Sex haben, um ihrem Partner Lust zu bereiten.

Diese Situation muss sich ändern. Und so freue ich mich, Ihnen hier eine sexuelle Methode vorstellen zu können, die in Zentralafrika entwickelt wurde, um die Schwächen der vaginalen Penetration auszugleichen. Man findet diese Praktik in Burundi, in Ruanda, im Osten der Demokratischen Republik Kongo sowie im Westen von Uganda und Tansania. In Burundi und Ruanda wird sie als kunyaza bezeichnet, in Uganda heißt sie kachabali. Diese Methode wird in diesen Ländern seit Hunderten von Jahren praktiziert. Die Erfahrung hat gezeigt, dass sie bestens geeignet ist, um Frauen Orgasmen, sogar multiple Orgasmen zu schenken.

Ich selbst habe Kunyaza entdeckt, als ich noch sehr jung war. Ich war damals etwa sechzehn Jahre alt und hatte noch keinerlei praktische Erfahrung auf dem Gebiet der Sexualität. Aber wie alle Teenies wollte ich natürlich mehr darüber wissen. Und so hat mir einer meiner besten Freunde von dieser Methode erzählt und die verschiedenen Stellungen beschrieben, in denen sie praktiziert wird. Er hat mir damals auch erklärt, dass die Frau vor dem Mann zum Höhepunkt kommen kann, wenn sie mithilfe dieser Technik intensiv stimuliert wird. Doch da ich sexuell noch sehr unerfahren war, konnte ich mir nicht genau vorstellen, was dabei eigentlich passiert. Das hat sich natürlich geändert, als ich schließlich Gelegenheit hatte, diese Methode selbst auszuprobieren. Ich erlebte, dass Kunyaza eine ungeheuer wirkungsvolle Methode zur sexuellen Befriedigung einer Frau ist. Und heute praktiziere ich es schon mehr als dreißig Jahre!

Die Geheimnisse, in die ich Sie in *Kunyaza. Multiple Orgasmen und weibliche Ejakulation mit afrikanischer Liebeskunst* einweihen will, beruhen natürlich nicht ausschließlich auf meinen eigenen Erfahrungen. Verwandte und andere Menschen – hauptsächlich aus Ruanda – haben mir in Gesprächen unter Freunden und in Interviews von ihren Erfahrungen berichtet. Darüber hinaus habe ich alle Informationen über Kunyaza, die ich finden konnte, gesammelt und analysiert. Die Beschreibung der Techniken des Kunyaza und der verschiedenen Stellungen, in denen es praktiziert wird, wird durch Erklärungen ergänzt, die erläutern, was dabei im Körper der Frau geschieht. Hierbei waren mir meine Ausbildung und meine Erfahrung auf dem Gebiet der Medizin eine wertvolle Hilfe.

Nun mögen Sie sich fragen, warum diese so wirkungsvolle Methode nicht auf der ganzen Welt bekannt ist, wie es beispielsweise Tantra und Kamasutra – die berühmten sexuellen Praktiken der indischen Tradition – sind. Diese Frage habe ich mir selbst oft gestellt und schließlich habe ich eine Antwort gefunden: Während Tantra und Kamasutra seit mehr als tausend Jahren schriftlich überliefert wurden, gibt es nur sehr wenige Aufzeichnung über Kunyaza. Das traditionelle Wissen Afrikas wurde von Generation zu Generation mündlich weitergegeben. Das gilt für Kunyaza wie für alle anderen Überlieferungen. Im Jahr 2005 habe ich mit der ersten Ausgabe dieses Buches[1]* das erste nennenswerte schriftliche Zeugnis über diese zentralafrikanische Liebeskunst geschaffen. Diese Neuausgabe ist eine überarbeitete und erweiterte Fassung der ersten Veröffentlichung. Sie beschäftigt sich noch eingehender mit dieser Thematik. Sie erhalten hier Auskunft sowohl über die weiblichen Orgasmen als auch über die weibliche Ejakulation, die ebenfalls durch die Methode des Kunyaza ausgelöst werden kann.

Viele Menschen haben noch nie etwas von der weiblichen Ejakulation gehört. Andere mögen daran zweifeln, ob es so etwas wie weib-

* Die hoch gestellten Ziffern weisen auf Anmerkungen hin, die Sie am Ende des Buches (Seite 155 ff.) finden.

liche Ejakulation überhaupt gibt und wieder andere mögen der Ansicht sein, dass es sich bei der ausgestoßenen Flüssigkeit um Urin handelt. Das ist nicht erstaunlich, denn die konventionellen Sexualpraktiken – wie Cunnilingus, vaginale Penetration oder manuelle Stimulation der Klitoris (klitorale Masturbation) – führen bei der Frau nur selten zur Ejakulation. Kunyaza ist eine Technik, mit deren Hilfe man in fast allen Fällen eine weibliche Ejakulation auslöst. Die weibliche Ejakulation mag für Sie, wenn Sie sie die ersten Male erleben, eine höchst beeindruckende Erfahrung sein, weil hierbei große Mengen an Flüssigkeit (manchmal bis zu einem Liter) ausgestoßen werden können. So unglaublich das in Ihren Ohren jetzt klingen mag, weil Sie dieses Phänomen noch nicht erlebt haben, es ist doch wahr. – Manche Männer sträuben sich, wie sie sagen aus „hygienischen Gründen“, gegen die weibliche Ejakulation. Sie werden in *Kunyaza. Multiple Orgasmen und weibliche Ejakulation mit afrikanischer Liebeskunst* erfahren, wie entspannt und gereinigt sich Frauen nach der Ejakulation fühlen und dass die Männer, die es schaffen, ihre Partnerin zum Ejakulieren zu bringen, stolz darauf sind, da es zeigt, dass sie wissen, wie man eine Frau richtig stimuliert.

Doch im Folgenden wird es nicht nur um den weiblichen Orgasmus und die weibliche Ejakulation gehen, es werden auch andere Themen angesprochen, die direkt oder indirekt mit Kunyaza zu tun haben und den kulturellen Gesamtzusammenhang anschaulich machen.

Sie müssen kein Experte auf dem Gebiet der Medizin und der Sexualität sein, um die anatomischen Abbildungen im Anhang (siehe „Die Geschlechtsorgane der Frau“ und „Die Geschlechtsorgane des Mannes“, Seite 150 ff.) zu verstehen. Dieses Buch ist für alle Menschen geschrieben und folglich werden Sie den Inhalt leicht erfassen können. Ich habe mich bemüht, wissenschaftliche Bezeichnungen oder Fremdwörter so weit als möglich zu vermeiden. Wo ich doch lateinische Fachausdrücke verwendet habe, werden sie im Glossar am Ende des Buches (Seite 158 ff.) erläutert.

Die erste Ausgabe dieses Buches wurde sehr gut aufgenommen, wenn man den zahlreichen ermutigenden Zuschriften und Mitteilungen, die ich erhalten habe, Glauben schenken will. Und so bin ich überzeugt, dass diese Neuausgabe Sie nicht langweilen wird. Ich habe versucht, sie in einem lebendigen Stil zu schreiben, und interessante und amüsante kleine Geschichten eingefügt. Sie werden sehen: Wenn Sie einmal zu lesen begonnen haben, können Sie es gar nicht mehr zur Seite legen. Und am Ende werden Sie glücklich sein, dass es Ihnen in die Hände gefallen ist, denn mit seiner Hilfe können Sie Ihr Liebesleben deutlich verbessern und bereichern. Dazu müssen Sie natürlich anwenden, was Sie hier gelesen haben. Und so bleibt mir nur noch, Ihnen viel Freude beim Lesen zu wünschen und viel Erfolg beim Umsetzen Ihres neu erworbenen Wissens.

Im Sommer 2009
Dr. Bizimana

I.

Wozu ich dieses Buch geschrieben habe

Die sexuelle Entfaltung – eines der schwierigsten Dinge der Welt

Im Fernsehen, im Kino, im Internet, in den Zeitschriften, auf der Straße, in der U-Bahn und im Bus – überall werden wir mit sinnlich-erotischen Szenen konfrontiert. Und die meisten Bilder, die uns gezeigt werden, verleiten uns zu dem Schluss, dass unsere Mitmenschen ein äußerst aktives und erfülltes Liebesleben haben. Wirft man aber einen Blick auf die Wirklichkeit, zeigt sich ein ganz anderes Bild: Da gibt es eine Unmenge von Dingen, die einer befriedigenden Sexualität im Wege stehen. Diese Hindernisse könnte man vier Kategorien zuordnen:

Die verschiedenen sexuellen Störungen

* **Probleme mit der sexuellen Lust:** Ganz im Gegensatz zu dem, was uns die Medien glauben machen wollen, ist nicht jeder von uns voll von sexuellem Verlangen. Es gibt Menschen, die aus den verschiedensten Gründen nur wenig oder gar kein Interesse an Sex zeigen, und andere, deren sexuelle Lust praktisch unersättlich ist. Für die Partner der zur letzten Gruppe gehörenden Personen ist der Liebesakt keine Freude mehr, sondern eher eine Qual.

* **Probleme mit der sexuellen Erregung:** Manchmal ist die Lust zwar da, doch die „Mechanik" macht uns einen Strich durch die Rechnung. Männer, die dieses Problem haben, sind nicht in der Lage, eine Erektion zu bekommen, die hart genug ist, um den Penis in die Vagina einzuführen und einen befriedigenden Geschlechtsverkehr zu haben. Und Frauen, die sexuell nicht richtig erregt sind, können den Liebesakt nicht genießen, da ihre Vagina nicht feucht genug wird, um das männliche Glied schmerzfrei aufzunehmen.

- **Orgasmusstörungen:** Wussten Sie, dass Männer ebenfalls von dieser Art von Problemen betroffen sind, auch wenn Orgasmusschwierigkeiten bei Frauen häufiger auftreten? Dieses Problem manifestiert sich in der Unfähigkeit, zum Höhepunkt zu kommen und damit den Geschlechtsakt voll zu genießen. Zu dieser Kategorie von Schwierigkeiten zählt auch der vorzeitige Samenerguss beim Mann. Hier wird der Orgasmus bereits durch die kleinste Stimulation oder ganz kurz nach der Penetration ausgelöst.

- **Schmerzen beim Geschlechtsverkehr:** Dieses Problem kommt fast ausschließlich bei Frauen vor. Medizinisch werden zwei sexuelle Störungen unterschieden: *Vaginismus* und *Dyspareunie*. Beim *Vaginismus* ziehen sich die Muskeln um den Vaginaleingang jedes Mal unwillkürlich zusammen, wenn sich der Mann mit seinem Penis nähert. So wird eine Penetration von vornherein unmöglich. Bei *Dyspareunie* kann das erigierte Glied zwar eingeführt werden, das Eindringen ist aber mit Schmerzen verbunden. Die Schmerzen treten beim Einführen auf oder wenn der Penis in der Vagina vor und zurück bewegt wird. Frauen, die unter diesen Schwierigkeiten leiden, haben wenig Lust auf Geschlechtsverkehr.

Sind Sie vielleicht auch betroffen?

Sexuelle Schwierigkeiten treten weitaus häufiger auf, als allgemein angenommen wird. Sie sind weit verbreitet. Im Folgenden finden Sie ein paar Statistiken aus westlichen Ländern:

Deutschland

Bei seinen Umfragen hat der Gynäkologe Prof. Albrecht Pfleiderer[2] herausgefunden, dass 80 Prozent der Frauen mindestens einmal im Leben unter sexuellen Schwierigkeiten leiden. Außerdem hat nach Christine Eichenberg[3] eine 1996 bei Allgemeinmedizinern und Fachärzten in Hamburg durchgeführte Umfrage ergeben, dass jede Woche mehr als 0,1 Prozent der Bevölkerung wegen sexueller Schwierigkeiten einen Arzt aufsuchen. Zu diesen Zahlen muss man jedoch noch die hohe Dunkelziffer hinzurechnen, da viele Menschen aus Scham oder einem Gefühl des Unbehagens nicht zum Arzt gehen, wenn sie sexuelle Probleme haben. Sexuelle Schwierigkeiten treten bei älteren Menschen häufiger auf, trotzdem sind auch junge Menschen betroffen. Nach R. Dieckmann[4] hat eine im Jahr 2004 unter Studentinnen der medizinischen Fakultät der Universität Hannover durchgeführte Umfrage ergeben, dass nur etwas mehr als die Hälfte von ihnen mit ihrem Liebesleben zufrieden war. Die Studentinnen waren im Schnitt vierundzwanzig Jahre alt. Dem Spezialisten in Klinischer Pharmazie und Fachmann für Ernährungsberatung Klaus Storm zufolge hat eine repräsentative Umfrage im Jahre 2001 ergeben, dass 50 Prozent der Männer zwischen fünfunddreißig und fünfundsechzig Jahren unter einer Form von Erektionsstörungen leiden und jeder zehnte Mann unter einer erektilen Dysfunktion.[5]

Frankreich

Eine unter der Leitung von Nathalie Bajos und Michel Bozon in Frankreich durchgeführte, 2008 veröffentlichte Umfrage zum Thema „Sexualität“ zeigt deutlich das Ausmaß der sexuellen Störungen:

- Bei Männern in den letzten zwölf Monaten:
  Erektionsstörungen: 2,5 Prozent häufig; 14,3 Prozent manchmal; 16,7 Prozent selten
  Vorzeitiger Samenerguss: 6,5 Prozent häufig; 33,1 Prozent manchmal; 30,3 Prozent selten
  Keine oder zu wenig sexuelle Lust: 1,9 Prozent häufig; 20,2 Prozent manchmal; 39,6 Prozent selten

- Bei Frauen in den letzten zwölf Monaten:
  Schmerzen beim Geschlechtsverkehr: 2 Prozent häufig; 14,3 Pro-

zent manchmal; 15,1 Prozent selten
Keine oder zu wenig sexuelle Lust: 6,8 Prozent häufig; 29 Prozent manchmal; 26,3 Prozent selten
Orgasmusschwierigkeiten: 7,3 Prozent häufig; 28,9 Prozent manchmal; 29,2 Prozent selten

Vereinigte Staaten

Dr. Julia R. Heiman von der psychiatrischen Fakultät der Universität Washington hat Daten zu diesem Thema zusammengetragen. Ihre Analyse[6] hat gezeigt, dass sexuelle Störungen in den USA je nach Art der untersuchten Störung bei 8 bis 33 Prozent der Bevölkerung vorkommen.

Westliche Länder allgemein

Wenn man der Vielzahl von Umfragen zu diesem Thema Glauben schenken darf, kann man zu dem Schluss kommen, dass sexuelle Störungen in der Bevölkerung ganz allgemein, das heißt in allen Altersstufen und in allen westlichen Ländern etwa in der gleichen Art auftreten.

Die Zahlen, die die verschiedenen Forscher angeben, weichen in geringem Maße voneinander ab, da die Studien nicht unter gleichen Bedingungen durchgeführt wurden. Insgesamt ging jedoch daraus hervor, dass sexuelle Störungen in den westlichen Ländern häufig auftreten. Und folglich gibt es in diesen Ländern eine große Anzahl von Menschen, die von den Wohltaten des Sex leider nicht profitieren.

Im Zentrum der Kritik steht die vaginale Penetration

Im Rahmen dieses Buches möchte ich nicht auf sexuelle Schwierigkeiten eingehen, die organische und/oder psychische Ursachen haben. Ich bitte die Leserinnen und Leser, die sich darüber informieren wollen, die im Literaturverzeichnis aufgeführten Bücher zurate zu ziehen. *Kunyaza. Multiple Orgasmen und weibliche Ejakulation mit afrikanischer Liebeskunst* richtet sich an alle, die gesund und dennoch mit ihrem Liebesleben nicht zufrieden sind. Vor diesen Schwierigkeiten ist niemand gefeit. So ist es beispielsweise ganz normal, dass man als Anfänger in Sachen „Sex" bei den ersten Erfahrungen gewisse Schwierigkeiten hat, auch wenn man gesund ist. Darüber hinaus stellt sich die Frage, wie wirkungsvoll die angewendeten sexuellen Techniken sind. Im Zentrum der Kritik steht die vaginale Penetration. Damit wir uns richtig verstehen: Gemeint sind das Einführen und die anschließenden Gleitbewegungen, das heißt das Vor-und-zurück-Bewegen des Penis in der Vagina. Sex-Experten auf der ganzen Welt zufolge erreichen 70 Prozent der Frauen keinen Höhepunkt, wenn ausschließlich diese Methode angewendet wird. Von diesem Problem sind viele Menschen betroffen. Deshalb werde ich es auch, wie im Vorwort angekündigt, zum Hauptthema dieses Buches machen.

Geht man von der Tatsache aus, dass die meisten Paare weltweit bei ihren Liebesspielen allein mit der vaginalen Penetration auskommen, kann man daraus schließen, dass nur sehr wenige Frauen beim Liebesakt einen Orgasmus haben. Und das ist eine äußerst traurige Tatsache.

Natürlich betrifft dieses Problem hauptsächlich die Frauen, aber eigentlich müsste es dann ja auch ein Problem der Männer sein. Wie können Sie nach dem Sex zufrieden und glücklich sein, wenn Ihre Frau sich frustriert fühlt, meine Herren? Was empfinden Sie, wenn Sie hören oder lesen, dass Ihr geliebtes Organ, der Penis, für 70 Prozent der Frauen nicht viel wert ist? Ich sehe Männer, die nun beginnen, an sich zu zweifeln. Und sich die fatale Frage stellen: „Zu welcher Gruppe gehört wohl meine Partnerin? Zu den 30 Prozent oder zu den 70 Prozent?" Woraufhin ein innerer Monolog beginnt: „Und wenn meine Frau zu der 70-Prozent-Gruppe gehört, heißt das dann, dass sie mich die ganze Zeit über belogen hat? Bis jetzt hat sie mich immer gelobt: ‚Du warst ganz toll, Liebling!' Hat sie mir das nur vorgespielt?" Und den Männern, die viele Partnerinnen hatten, drängt sich die Frage auf: „Wie viele von all den Frauen, die mich im Bett gelobt haben, habe ich wirklich befriedigt?" Am Ende all dieser inneren Monologe haben wir dann Männer vor uns, die verunsichert und sexuell frustriert sind.

So ist es auch für diejenigen, die nicht unter sexuellen Störungen leiden, die körperliche oder psychische Ursachen haben, eines der schwierigsten Dinge der Welt, ein erfülltes Liebesleben zu haben.

Wie lässt sich die Schwäche der vaginalen Penetration ausgleichen?

Diese ohnehin schon schwierige Situation wird außerdem noch durch die Tatsache kompliziert, dass die meisten Männer sich überhaupt nicht bewusst sind, dass die vaginale Penetration bei den meisten Frauen nur Frustration schafft. Dieses Unwissen entsteht zum Teil, weil die Frauen sich nicht trauen, mit ihrem Partner darüber zu sprechen. Letztendlich verschlimmern viele Frauen die Situation, weil sie ihren Männern einen Höhepunkt vortäuschen. Deshalb ist es meiner Ansicht nach lobenswert, dass dieses Problem erforscht wird und Wissenschaftler versuchen, Lösungen zu finden, um das Liebesleben von Paaren zu verbessern. Doch die erste Voraussetzung – wenn diese Lösungen auch die gewünschte Wirkung haben sollen – ist in jedem Fall, dass die Männer die Grenzen der vaginalen Penetration anerkennen. Denn sie werden ihre gewohnten Praktiken wohl kaum ändern, wenn sie nicht zuvor von deren Misserfolg überzeugt sind. Ich wünsche mir, dass dieses Buch dazu beitragen möge, die Mentalität der Männer zu verändern.

Lassen Sie uns nun einen Blick auf Lösungsvorschläge werfen, die aus unterschiedlichen Teilen der Welt stammen und Methoden anbieten, die die Schwäche der vaginalen Penetration ausgleichen.

Lösungen aus dem Westen: Masturbation und Cunnilingus

Zahlreiche westliche Sexualforscher empfehlen die Stimulation der Klitoris mit dem Mund oder mit der Zunge (Oralsex, Cunnilingus) vor der Penetration. Wenn die Frau durch die Penetration nicht zum Orgasmus kommt, empfehlen sie, die Klitoris zusätzlich mit den Fingern zu stimulieren, wie es die Frau selbst macht, wenn sie masturbiert. Über diesen letzten Punkt schreibt die deutsche Autorin und ehemalige Pornodarstellerin Dolly Buster in ihrem Sex-Ratgeber: *Und damit: Buster!*[7]

„Den besten Sex mit garantiertem Orgasmus haben die meisten Menschen mit sich selbst. Wir alle wissen selbst am besten, wie wir uns zum Orgasmus bringen können. ... Im Bett mit dem Sexpartner gilt es, dieses Wissen zu vermitteln. ... Der klitorale Orgasmus ist relativ unkompliziert und hat nur einen einzigen Nachteil – dass dem Mann die Illusion geraubt wird, sein Penis sei allmächtig."

Andere Sexualforscher empfehlen, dass man die Finger in die Vagina einführt und den G-Punkt (siehe Kapitel V, „Die beste Methode für die körperliche Liebe", dort auf Seite 84 f.) mit den Fingern stimuliert.

Lösungen aus dem Orient

Die aus Asien stammenden sexuellen Praktiken, die unser Liebesleben ganz allgemein verbessern und Frauen leichter zum Höhepunkt führen sollen, sind auf der ganzen Welt bekannt. Ganz oben auf der Beliebtheitsliste stehen die Praktiken indischen Ursprungs wie Tantra und Kamasutra, auf die ich bereits im Vorwort kurz eingegangen bin. Viele Bücher wurden über diese Themen geschrieben und sie sind auch äußerst erfolgreich. Tantra- und Kamasutra-Schulen schießen in Europa und den USA wie Pilze aus dem Boden. Leider sind die indischen Sexualpraktiken nicht für jeden geeignet, denn man muss dafür jahrelang üben, sehr beweglich sein und viel Geduld haben. Besitzen Sie diese Eigenschaften, können Sie sie erfolgreich anwenden.

Eine afrikanische Lösung

Immer wenn ich in westlichen Buchläden Bücher über Tantra und Kamasutra in den Regalen stehen sah, fragte ich mich, warum es wohl kein Buch gab, das sich mit afrikanischen Sexualpraktiken beschäftigte. Das war Anfang der Achtzigerjahre des 20. Jahrhunderts. Und daran hat sich bis heute nichts geändert, ganz im Gegenteil. Anstatt auch auf die positiven Aspekte der afrikanischen Sexualität einzugehen, befassen sich die westlichen Medien ausschließlich mit dem Problem der Frauenbeschneidung. Natürlich ist es wichtig, sich mit diesem Thema auseinanderzusetzen, um dann auch mithelfen zu können, dass diese schreckliche Sitte ausgerottet wird. Doch es wäre ebenso angebracht, die positiven Seiten der Sexualität in Afrika zu betrachten, denn die gibt es in reichlichem Maß, wie Sie beim Weiterlesen noch erfahren werden.

Wie in Asien gibt es auch in Afrika mehrere Methoden der körperlichen Liebe. Lassen Sie mich Ihnen eine davon vorstellen. Wie ich bereits im Vorwort geschrieben habe, nennt man diese Technik in Ruanda und Burundi „Kunyaza“. Diese Methode ist nicht nur besser geeignet als alle anderen, wenn es darum geht, die Schwäche der vaginalen Penetration auszugleichen und Frauen einen befriedigenden Höhepunkt zu schenken, sondern hat auch noch andere Vorteile.

Die orale Stimulation der Klitoris ist keine Lösung, die für jeden akzeptabel ist. Manche lehnen sie aus hygienischen oder aus kulturellen Gründen ab oder einfach, weil ihnen der Geschmack nicht angenehm ist. Da es sich bei der Klitoris um ein äußerst sensibles Organ handelt, kann ihre Stimulation mit den Fingern ein Problem für Männer sein, die sehr raue Hände haben, weil sie körperlich viel arbeiten. Außerdem kann diese Praktik, wie Dolly Buster meinte, dem Mann das Gefühl geben, dass sein Penis nicht „allmächtig“ sei. Und die Technik, bei der der G-Punkt mit den Fingern stimuliert wird, um die Frau zum Orgasmus zu bringen, wird häufig ohne Erfolg praktiziert, da noch nicht geklärt ist, ob es ihn überhaupt gibt und wo genau sich dieser Punkt in der Vagina befindet.

Um Kunyaza zu praktizieren, muss man – im Gegensatz zu den sexuellen Techniken aus Indien – nicht besonders gelenkig, auch nicht übermäßig geduldig sein und man muss nicht regelmäßig und über mehrere Jahre üben. Und im Gegensatz zum Oralsex spielen auch die Probleme der Hygiene und des Geschmacks keine Rolle. Diese

Methode ist leicht zu lernen, leicht zu praktizieren, ganz gleich welchem Kulturkreis, welcher Religionsgemeinschaft und welcher Nationalität Sie angehören. Wie Sie noch sehen werden, kann der Penis – ganz im Gegensatz zu der Meinung von Dolly Buster – „allmächtig“ sein. Es kommt ganz einfach darauf an, wie man ihn einsetzt …

II.

Die afrikanische Liebeskunst

Was ist Kunyaza?

Um Ihnen den Sinn des Begriffs „Kunyaza" zu erklären, möchte ich die Definition von der englischsprachigen Website *www.urbandictionary.com* übernehmen: „Kunyaza is the traditional way of making love to a woman by rubbing the penis to the clitoris resulting in peeing by the woman. Rwandan men are good at kunyaza." Übersetzt heißt das: „Kunyaza ist die traditionelle Form der körperlichen Liebe mit einer Frau, bei der der Penis an der Klitoris gerieben wird, was die Frau zum Pinkeln bringt. Männer aus Ruanda sind Experten, was Kunyaza anbelangt."

Ist das eine treffende Definition? Obwohl diese Beschreibung unvollständig und zum Teil sogar falsch ist, würde ich die Frage bejahen. Die Lücken sind verständlich, da Dr. Eulogius, der Autor, nicht den kulturellen Hintergrund der Länder hat, den die Menschen der Nationen haben, in denen diese sexuelle Technik praktiziert wird, und deshalb nicht genau Bescheid weiß. Diese Definition gibt sogar mehr Informationen als eine einfache Übersetzung von *Kunyaza,* das wörtlich übersetzt „zum Pinkeln bringen" bedeutet.

Da ich jedoch den Ehrgeiz habe, Ihnen die Bedeutung dieses Begriffs vollständig und korrekt nahezubringen, will ich mich nicht mit der Definition des *Urban Dictionary* zufriedengeben. Ich werde dabei die verschiedenen Punkte, die Dr. Eulogius angeführt hat, als Grundlage nehmen und sie im Einzelnen erklären, korrigieren und nötigenfalls ergänzen.

Dr. Eulogius sagt:

- Kunyaza ist eine traditionelle Methode der körperlichen Liebe.
- Diese Form von Sex wird unter anderem in Ruanda praktiziert.
- Beim Liebesakt pinkelt die Frau.
- Die Technik besteht darin, den Penis an der Klitoris zu reiben.

Im Folgenden werde ich jeden einzelnen Punkt dieser Definition genauer unter die Lupe nehmen. Lassen Sie mich mit den ersten beiden beginnen:

Eine traditionelle Methode der körperlichen Liebe in Zentralafrika

Dr. Eulogius hat recht: Kunyaza gehört zu den von unseren Ahnen überlieferten Traditionen Zentralafrikas. Wie ich bereits im Vorwort erläutert habe, wird diese Tradition in Ruanda und in Burundi „Kunyaza“ genannt. Dieselbe Bezeichnung wird auch von den ruandischen und burundischen Staatsangehörigen, die in den angrenzenden Gebieten der Nachbarländer leben, verwendet: im Osten der Demokratischen Republik Kongo, im Westen von Uganda und von Tansania. Bestimmte Bevölkerungsgruppen in diesen Gebieten bedienen sich zwar ebenfalls

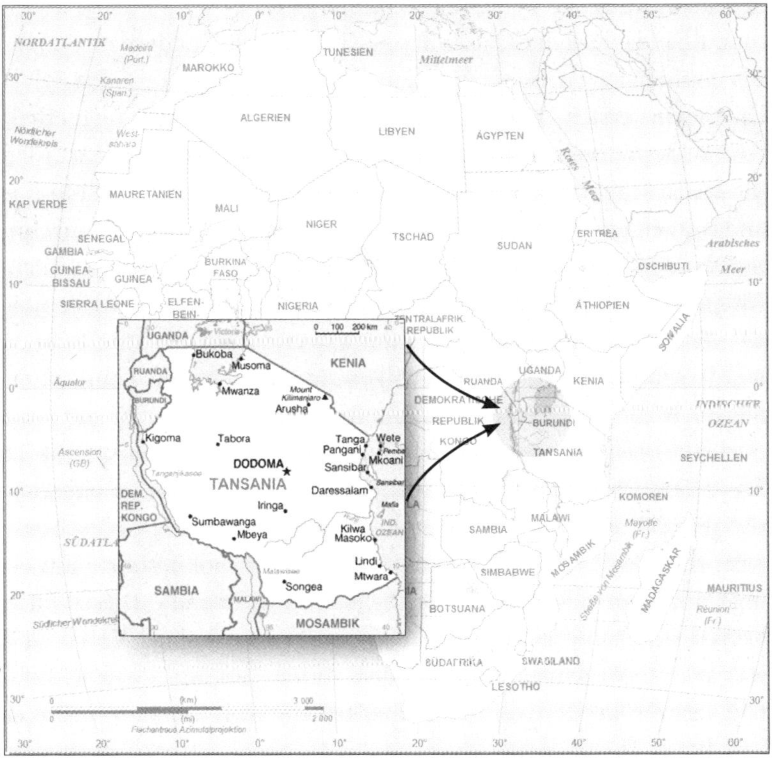

Abbildung 1: Gebiete, in denen Kunyaza praktiziert wird

der Kunyaza-Technik, haben dafür in ihrer Sprache aber eine andere Bezeichnung. So wird sie beispielsweise bei der Volksgruppe der Banyankore in Uganda „Kachabali“ genannt. Um Verwirrung zu vermeiden und Ihnen die Lektüre dieses Buches nicht unnötig zu erschweren, verwende ich stets den Ausdruck „Kunyaza“.

Kunyaza wird nur in diesen Ländern praktiziert. Diese Methode wird in keiner anderen Region der Welt angewendet. Trotz ihrer Vorzüge und ihrer langen Tradition kennt man sie im Rest der Welt nicht. Das ist so, weil es praktisch keine schriftliche Überlieferung gibt. Damit Sie sich vorstellen können, wie das kommt, lassen Sie uns einen Blick auf die Situation in Ruanda werfen. Ruanda ist das Land, in dem – meinen Nachforschungen zufolge – die meisten Quellen zu finden sind, in denen auch „Kunyaza“ wenigstens erwähnt wird.

In Ruanda wird die Tradition des Kunyaza seit Hunderten von Jahren mündlich von Generation zu Generation überliefert. Ich selbst habe meine ersten Unterweisungen nicht etwa durch ein Buch erhalten, sondern durch einen Freund. Anfang der Achtzigerjahre wurden die ersten schriftlichen Informationen zum Thema „Sexualität in Ruanda“ in einem Kapitel des Buches von Bischof Aloys Bigirumwami mit dem Titel *Imihango, n'Imigenzo n'Imizililizo mu Rwanda* [Riten, Rituale und Tabus in Ruanda] in ruandischer Sprache *(Kinyarwanda)* veröffentlicht.[8] Diese Abhandlung über die Sexualität in Ruanda wurde von der ruandischen Bevölkerung unterschiedlich aufgenommen. Für die einen war es unzumutbar, ein Thema, über das man normalerweise nur im Familienkreis oder mit Freunden spricht, in der Öffentlichkeit zu besprechen. Für die anderen war es ein wahrer Skandal, dass ein katholischer Bischof über „so etwas“ schrieb. Aber die Kritik war unbegründet, denn der Bischof berührte nur einige unbedeutende Aspekte der Sexualität in Ruanda. Dieses Buch befasst sich hauptsächlich mit „Gukuna“ (siehe Kapitel VIII, „Und was auch nicht fehlen sollte …“, dort unter „Gukuna“, Seite 142 ff.). Die Technik des Kunyaza wird mit keinem Wort erwähnt. Wäre er auf dieses Thema eingegangen, das wäre wohl wirklich skandalös gewesen!

Die Empörung über den Bischof hielt eine Weile an. Es wurde geredet und geredet, aber eines Tages verloren die Menschen, wie immer in solchen Fällen, das Interesse und wendeten sich wieder anderen Dingen zu. Diese Entwicklung ermutigte Gaspard Musabyimana, ein ganzes Buch über die ruandische Sexualität zu schreiben. So erschien 1999 unter dem Titel *Sexualités, Rites et Moeurs sexuels de l'ancien Rwanda* [Sexualität, sexuelle Rituale und Gebräuche im alten Ruanda]. Der Autor Gaspard Musabyimana lieferte weitaus mehr Informationen als Bischof Aloys Bigirumwami und machte sie einem sehr viel breiteren Publikum zugänglich, da sein Buch in französischer Sprache geschrieben war, die sehr viel verbreiteter ist als Kinyarwanda. Damit ist das Buch von Gaspard Musabyimana als erster ernsthafter Versuch einer Dokumentation der ruandischen Sexualität zu betrachten. Außer den sexuellen Riten, Ritualen und Tabus in Ruanda geht dieser Autor in seinem Werk im Gegensatz zu Bischof Aloys Bigirumwami auch auf die sexuelle Praxis des Kunyaza ein. Obwohl es sehr umfangreich ist, widmet er diesem Thema nur einige Seiten.[9]

Und so habe ich mir vorgenommen, auf einige Dinge genauer einzugehen und einige der Nachforschungen von Gaspard Musabyimana richtigzustellen, wo es mir erforderlich scheint. Dabei werde ich mich ausschließlich der Technik des Kunyaza zuwenden und eine möglichst genaue Beschreibung liefern, um Angehörigen anderer Kulturen die Möglichkeit zu eröffnen, diese Technik erfolgreich anzuwenden. Auf meinem Hintergrund als Mediziner werde ich mich bemühen, die körperlichen Phänomene näher zu beleuchten, die bei der Anwendung von Kunyaza eine Rolle spielen.

Lassen Sie uns jetzt zum nächsten Punkt kommen: „Pinkelt" die Frau tatsächlich, wenn der Mann Kunyaza anwendet? Oder geschieht hier etwas anderes?

III.

Das Mysterium der weiblichen Ejakulation

Was passiert denn hier?

Als ich weiter oben schrieb, dass ein Teil der Definition von Dr. Eulogius falsch sei, bezog sich das unter anderem darauf, dass er der Meinung ist, dass die Frau durch Kunyaza zum „Pinkeln" gebracht werde. Auch wenn die wörtliche Übersetzung des Wortes in Kinyarwanda diese Behauptung zu unterstützen scheint, handelt es sich bei der Flüssigkeit, die hier ausgestoßen wird, nicht um Urin, vielmehr um eine Absonderung von Scheidensekreten, die durch intensive Stimulation ausgelöst wird. Sie werden im Folgenden noch verstehen, warum diese Flüssigkeit als „weibliches Ejakulat" bezeichnet werden kann.

Aus folgenden Gründen kann diese Flüssigkeit – meiner Meinung nach – kein Urin sein:

- Farbe: Sie ist farblos oder milchig weiß. Wenn es sich um Urin handeln würde, müsste sie zumindest manchmal gelblich oder bräunlich sein wie konzentrierter Urin.
- Konsistenz: Diese Flüssigkeit ist dickflüssig bis wässrig. Wenn es sich um Urin handeln würde, wäre sie immer dünnflüssig.
- Geruch: Diese Flüssigkeit hat keinen bestimmten Geruch. Urin hingegen riecht immer nach Ammoniak.
- Intensität der Flüssigkeitsabgabe: Beim Harnlassen ist der Urinfluss zunächst sehr stark und nimmt dann nach und nach ab, bis er schließlich ganz aufhört. Beim Kunyaza ist die Flüssigkeitsmenge, die abgegeben wird, zunächst gering und nimmt während des Liebesaktes dann zu, um beim Orgasmus ihren Höhepunkt zu erreichen.
- Ruandische Begriffe, mit denen diese Flüssigkeit bezeichnet wird: Während „Urin" auf Kinyarwanda inkari heißt, bezeichnet man die Flüssigkeit der Frau, die beim Geschlechtsverkehr ausgestoßen wird, als ibinyare oder amavangingo.

Wer im letzten Vierteljahrhundert die in den westlichen Ländern geführten Diskussionen über das Phänomen der „weiblichen Ejakulation“ verfolgt hat, weiß, worum es sich hierbei handelt. Die Scheidenflüssigkeit, die beim Kunyaza ausgestoßen wird, hat mit ebendiesem Phänomen zu tun.

Ich war lange Zeit der Meinung, dass nur Frauen aus den Ländern, in denen Kunyaza praktiziert wird, in der Lage seien, beim Liebesakt große Mengen an Flüssigkeit zu produzieren und auszustoßen. Bis zu dem Tag, als ich im deutschen Fernsehen eine Sendung sah, in der ich eines Besseren belehrt wurde. Diese Sendung wurde von Lilo Wanders moderiert und hieß *Wa(h)re Liebe*. Es wurde eine Szene gezeigt, bei der der Mann Zeige- und Mittelfinger in die Scheide der Frau einführte. Erklärtes Ziel war es, den G-Punkt zu stimulieren, um die Frau nicht nur zum Orgasmus, sondern auch zum Ejakulieren zu bringen. Lilo Wanders stand neben dem Paar und fragte von Zeit zu Zeit nach, ob „es“ denn klappe. Die Frau, die immer nervöser wurde, je länger sich das Ganze hinzog, antwortete: „Bis jetzt leider noch nicht.“ Schließlich wurde das Ganze unterbrochen. Lilo Wanders beruhigte die Frau und erklärte, dass es sicher so lange dauere, weil sie es vor der Kamera täten, und dass „es“ zu Hause garantiert besser funktioniere.

Ich saß zu Hause vor meinem Fernseher und fragte ich mich: „Warum quält man diese Frau so? Ihr Partner müsste einfach nur Kunyaza anwenden, dann würde es klappen.“ Ich wollte das dann nicht länger mit ansehen, schaltete um und glaubte, dem Thema damit entkommen zu sein. Aber das sollte wohl nicht lange dauern, denn als ich mich dazu entschloss, dieses Buch zu schreiben, deckte ich mich mit einer Reihe Sex-Ratgeber neueren Datums ein, um mich zu informieren, welche Themen gerade aktuell sind und welche Tipps die Autoren geben. Und hierbei stieß ich wieder auf das Thema „weibliche Ejakulation“.

Als ich all diese Bücher gelesen hatte, begann ich, mich richtig mit diesem Thema zu beschäftigen. Viele der veröffentlichten Bücher behandelten das Thema nur oberflächlich. Das Buch *Weibliche Ejakulation* von Dr. Sabine zur Nieden, einer deutschen Ärztin und Sexualwissenschaftlerin, lieferte die ersten ernst zu nehmenden Informationen über die Ejakulation der Frau. Auf der Suche nach weiteren Quellen dieser Art stieß ich im Internet auf mehrere Websites, wie beispielsweise *http://etmoi.free.fr* und *www.connected-love.de*, wo die weibliche Ejakulation nicht nur beschrieben, sondern auch im Rahmen eines Forums darüber diskutiert wird. Über diese Websites bin ich auf andere Bücher zu diesem Thema gestoßen, wie etwa *Weibliche Ejakulation & der G-Punkt* von der Amerikanerin Deborah Sundahl oder *A New View of a Woman's Body* [Der Körper der Frau aus einer neuen Sicht] von *Federation of Feminist Women's Health Centre*, in denen das Thema ebenfalls umfassend beschrieben wird. Die angeführten Bücher finden Sie im Literaturverzeichnis am Ende dieses Buches (Seite 163 f.) aufgelistet.

Um mir all das besser vorstellen zu können, wollte ich mir ein Video zum Thema „weibliche Ejakulation" bestellen. Auf verschiedenen Websites las ich allerdings, dass die angebotenen Videos zum größten Teil manipuliert seien, dass viele Frauen in diesen Videos gar nicht ejakulierten, sondern einfach nur pinkelten. Am Ende des Buches finden Sie eine kleine Liste mit DVDs zur weiblichen Ejakulation – für alle, die wirklich ejakulierende Frauen einmal in Aktion sehen wollen (siehe unter „DVDs zum Thema ‚weibliche Ejakulation'", Seite 165).

Nachdem ich viele Bücher über weibliche Ejakulation gelesen hatte, war mir klar, dass solch große Mengen an Scheidenflüssigkeit beim Liebesakt auch ohne Kunyaza produziert und ausgestoßen werden können. Und ich fragte mich, ob diese Flüssigkeit, die in der westlichen Welt „weibliches Ejakulat" genannt wird, wohl dieselbe ist wie die, die wir in Ruanda und Burundi *ibinyare* nennen und die beim Praktizieren von Kunyaza ausgestoßen wird. Ich kam zu dem Schluss, dass es sich dabei um dieselbe Flüssigkeit handeln müsse, weil ihre Farbe, ihr Geruch und ihre Konsistenz gleich beschrieben werden und sie jeweils in großen Mengen produziert werden kann. Allerdings war ich in Bezug darauf, wo genau diese Flüssigkeit produziert wird, anderer Ansicht als die Wissenschaftler im Westen. Letztere sind der Auffassung, dass das weibliche Ejakulat ein Sekret ist, das von einer Gruppe von Drüsen hergestellt wird, die sich um die Harnröhre herum in der Nähe ihrer äußeren Öffnung befinden. Sie nennen die Gesamtheit dieser Drüsen „weibliche Prostata". Wenn man berücksichtigt, dass das Sekret bei einer einzigen sexuellen Begegnung in großen Mengen erzeugt werden kann, scheint es kaum vorstellbar, dass diese kleine Gruppe von Drüsen allein dafür verantwortlich ist. Deshalb bin ich der Ansicht, dass die beim Liebesakt in großer Menge ausgestoßenen sexuellen Sekrete nicht nur von der „weiblichen Prostata" produziert werden können, sondern auch von den anderen Geschlechtsorganen der Frau stammen müssen, die im Becken- und im Bauchraum liegen. Welche Organe das im Einzelnen sind, darauf werde ich später in diesem Kapitel unter „Die Quellen des weiblichen Ejakulats" (Seite 36 ff.) noch näher eingehen. Wenn also in diesem Buch von „weiblichem Ejakulat" die Rede ist, muss dieser Begriff immer im weiteren Sinne verstanden werden, eben als das Produkt mehrerer Organe.

Während sich die Menschen in den Ländern, in denen Kunyaza traditionell praktiziert wird, bewusst sind, dass es sich bei *ibinyare* nicht um Urin handelt, wird die Frage der weiblichen Ejakulation in den westlichen Ländern bis heute kontrovers diskutiert. Es gibt zwei Gruppen: diejenigen, die an eine weibliche Ejakulation „glauben", und diejenigen, die nicht daran „glauben". Letztere leugnen, dass es so etwas wie eine weibliche Prostata überhaupt gibt, und verteidigen die Vorstellung, dass die beim Geschlechtsverkehr ausgestoßene Flüssigkeit einfach Urin sei. Außerdem fordern sie wissenschaftliche Studien, die zuerst einmal nachweisen sollen, dass weibliches und männliches Ejakulat sich ähnlich zusammensetzen.

Diejenigen, die an die weibliche Ejakulation glauben, berufen sich auf zahlreiche Aussagen von Frauen, die eine Ejakulationserfahrung gemacht haben, auf unzählige Videos, die von den feministischen Aktivistinnen produziert wurden, sowie auf einige Studien, bei denen das Vorkommen des prostataspezifischen Antigens (PSA), das auch in den Sekreten aus der männlichen Prostata in großen Mengen vorhanden ist, in der weiblichen Flüssigkeit nachgewiesen wurde. Nichtsdestotrotz fordern viele, darunter auch Dr. Rebecca Chalker, weiterführende Studien zur chemischen Zusammensetzung des weiblichen Ejakulats, um auch die Gruppe der Zweifler zu überzeugen.

Die Diskussion ist nicht uninteressant. Allerdings ist es meiner Meinung nach weitaus wichtiger, sowohl denjenigen, die die Existenz der weiblichen Ejakulation leugnen, als auch der breiten Öffentlichkeit nahezubringen, dass eine sexuell sehr erregte Frau in der Lage ist, eine große Menge von Flüssigkeit – bei der es sich *nicht* um Urin handelt – zu erzeugen und auszustoßen und dass diese Flüssigkeit sowohl in der weiblichen Prostata als auch in anderen Geschlechtsorganen der Frau im Becken- und im Bauchraum produziert wird. Außerdem kann von den anderen Organen sehr viel mehr Flüssigkeit produziert werden als von der weiblichen Prostata selbst.

Leider wartet hier noch viel Arbeit auf uns. Denn trotz der vielen Bücher und Videos zum Thema „weibliche Ejakulation" müssen die Menschen – insbesondere die Männer – in den Ländern, in denen Kunyaza nicht praktiziert wird, davon überzeugt werden, dass es ganz normal ist, dass eine sexuell sehr erregte Frau eine große Menge von Flüssigkeit beim Liebesakt erzeugt und ausstößt, und dass sie deshalb nicht schief angeschaut werden sollte. Diese Überzeugungsarbeit ist unerlässlich, denn das Unwissen in Bezug auf die weibliche Ejakulation führt in vielen Beziehungen zu Missverständnissen und Ablehnung, wenn der Mann entdeckt, dass seine Partnerin beim Sex vermeintlich pinkelt. In *Der Super-Orgasmus* bestätigt Lou Paget[10] diese Tatsache. Sie erzählt die Geschichte einer Frau, die sie bei einem ihrer Workshops über die weibliche Ejakulation kennengelernt hatte: Sie war mit ihrem Freund in Urlaub gefahren. Eines Tages, als er sie mit Cunnilingus befriedigte und sie immer erregter wurde und schließlich einen Höhepunkt hatte, stieß ihr Freund sie mit der Begründung von sich, sie habe ihn gerade angepinkelt. Und natürlich war damit jede Romantik vorüber ... Als diese Frau im Rahmen des Workshops davon hörte, dass es eine weibliche Ejakulation gibt, war sie sehr erleichtert und von jeder Scham befreit. Sie konnte es kaum erwarten, ihrem Freund davon zu erzählen!

Dass eine Frau von ihrem Partner zurückgewiesen werden kann – was dazu führen kann, dass diese Beziehung zerbricht –, ist nicht der einzige Grund, weshalb die breite Öffentlichkeit über die weibliche Ejakulation Bescheid wissen sollte. Manche Frauen mögen, wenn sie ejakulieren, sogar glauben, sie seien krank, und sie schämen sich vielleicht, mit ihrer Gynäkologin oder ihrem Gynäkologen darüber zu sprechen. Andere halten ihren Orgasmus zurück, wenn sie spüren, dass die Flüssigkeit kommt, um genau das zu vermeiden.

Und so möchte ich mit diesem Buch auch all die anderen Autoren unterstützen, die bereits damit begonnen haben, bekannt zu machen, dass es die weibliche Ejakulation gibt.

Ein Liter Ejakulat – das ist ausgeschlossen!

Wer es noch nie erlebt hat, wird es kaum glauben: Eine sexuell sehr erregte Frau kann beim Sex bis zu einem Liter Flüssigkeit oder mehr produzieren und ausstoßen. Es ist unglaublich, aber wahr.

Man kann dieses Phänomen vor allem bei Frauen in Ländern beobachten, in denen die Paare traditionell Kunyaza anwenden – eine Methode, die besonders geeignet ist, eine Frau zu erregen. Natürlich hat niemand in diesen Ländern je gemessen, wie viel Ejakulat es genau ist. Wenn ich hier also behaupte, dass eine Frau solche Mengen an Flüssigkeit ejakulieren kann, stütze ich mich dabei auf Schätzungen, die auf meinen eigenen Erfahrungen beruhen, und auf Schätzungen von Menschen, die ich befragt habe.

In den Ländern, in denen Kunyaza praktiziert wird, gibt es äußerst aussagekräftige Bezeichnungen für Frauen, die besonders viel Flüssigkeit ausstoßen. In Ruanda nennt man solche Frauen beispielsweise *kingindobo* (Stellt einen Eimer unter sie) und *shami ry'ikivu* (Seitenarm des Kivu-Sees; der Kivu-See ist der größte See Ruandas). In meinem Dorf gab es drei Frauen, die diesen Spitznamen hatten.

Der Sex nach der Kunyaza-Methode kann sehr laut werden. Es hört sich etwa so an, als wenn Sie mit Zeige- und Mittelfinger auf das Wasser in einer Schüssel schlagen ... Jeder erwachsene Einwohner Ruandas versteht die Anspielung, wenn man davon spricht, dass ein Hund Wasser trinkt ...

Die Forscher in der westlichen Welt haben die Menge des weiblichen Ejakulats gemessen. So berichten Deborah Sundahl und Rebecca Chalker – zwei amerikanische Autorinnen, die hervorragende

Bücher über die weibliche Lust geschrieben haben – von Mengen von bis zu 35 Millilitern. Ganz offensichtlich ist das weit weniger als ein Liter. Allerdings wäre es falsch, daraus zu schließen, dass die Frauen im Westen mit ihren Sexualpraktiken nicht dieselbe Menge Ejakulat produzieren können wie die ruandischen Frauen. Es gibt Beispiele, die belegen, dass sie das sehr wohl können. Unter „Erfahrungsberichte zum Thema ‚weibliche Ejakulation'" in diesem Kapitel (Seite 40 ff.) erzählen mehrere Frauen von bis zu einem Liter Flüssigkeit beim Liebesakt. Die französische Bezeichnung *femmes fontaines* (Springbrunnenfrauen) ist ein wundervolles Bild dafür, und dabei ist es völlig gleichgültig, ob man nun Kunyaza oder eine andere Technik anwendet. In der englischsprachigen Welt benutzt man den Begriff *gushers*, der die gleiche Bedeutung hat.

Frauen in den westlichen Ländern können also ebenfalls ejakulieren, sogar mit konventionellen Techniken. Dass derart große Mengen an Flüssigkeit produziert werden, lässt, wie bereits erwähnt, darauf schließen, dass das weibliche Ejakulat nicht ausschließlich in der Prostata der Frau produziert wird, sondern auch in anderen weiblichen Geschlechtsorganen. Doch um welche Organe handelt es sich?

Die Quellen des weiblichen Ejakulats

In den meisten Veröffentlichungen westlicher Autoren, die davon überzeugt sind, dass es die weibliche Ejakulation gibt, wird die weibliche Prostata als einzige mögliche Quelle des weiblichen Ejakulats aufgeführt. Nur die deutsche Sexualwissenschaftlerin Sabine zur Nieden nennt in ihrem Buch auch andere Organe, die Sekrete produzieren, die zusammen mit der Flüssigkeit der weiblichen Prostata das weibliche Ejakulat ausmachen: Eileiter, Gebärmutterkörper, Gebärmutterhals, Scheide und Harnröhre.[11] Die kleinen Schamlippen können ebenfalls eine Rolle spielen. Lassen Sie uns nun einen Blick auf diese Organe werfen, und zwar in der Reihenfolge der Bedeutung, die ich ihnen in diesem Zusammenhang gebe.

Die Scheide (Vagina)

Die Scheide einer erregten Frau wird feucht oder, technisch ausgedrückt, „geschmiert". Seien Sie ehrlich: Haben Sie sich je gefragt, wo diese Flüssigkeit produziert wird? Sie können ruhig mit Nein antworten, denn die meisten Menschen, Männer wie Frauen, haben sich diese Frage nie gestellt. Bevor ich begann, dieses Buch zu schreiben, habe ich mich auch nicht dafür interessiert, woher diese Flüssigkeit stammt. Wie die meisten Männer habe ich mich nur während des Vorspiels damit beschäftigt, wenn ich versuchte, dafür zu sorgen, dass die Vagina feucht genug wurde. Deshalb möchte ich Sie einladen, etwas Neues zu lernen.

Die Anatomiebücher, die ich zurate gezogen habe, haben es mir bestätigt: Der größte Teil der Flüssigkeiten, die wir erzeugen, wie Tränen, Schweiß und Speichel, werden jeweils von speziellen Drüsen produziert. Eine Ausnahme stellt hier die Scheidenflüssigkeit dar, denn in der Vagina gib es keine Drüsen. Die Flüssigkeit, mit der die Scheide „geschmiert" wird, stammt hauptsächlich aus dem wässrigen Teil des Blutes in den Scheidenwänden. Mit zunehmender sexueller Erregung steigt die Durchlässigkeit ihrer Blutgefäße und es tritt mehr und mehr Flüssigkeit aus den Blutgefäßen durch die Wände in den Scheidenkanal. Diese Körperflüssigkeit nennt man „Transsudat". Ich habe keine Informationen gefunden, wie viel Flüssigkeit gebraucht wird, um die Vagina anzufeuchten. Geht man jedoch von der Tatsache aus, dass die Durchblutung der Scheidenwände mit zunehmender Erregung der Frau – während des gesamten Geschlechtsverkehrs – zunimmt, so kann man sich vorstellen, dass in dieser Zeit große Mengen an Flüssigkeit erzeugt werden können. Mit Kunyaza kann ohne Übertreibung bis zu einem halben Liter Scheidenflüssigkeit erzeugt werden. Deshalb bin ich davon überzeugt, dass der größte Teil des weiblichen Ejakulats ein Transsudat des Blutes in den Scheidenwänden ist.

Die weibliche Prostata

Wie bereits erwähnt, wurde der Begriff „weibliche Prostata" von den Anhängern der weiblichen Ejakulation geprägt. Bezeichnet wird damit eine Gruppe von Drüsen, die sich um die Harnröhre herum in der Nähe der äußeren Harnröhrenöffnung befinden. Einige dieser Drüsen, die sogenannten „periurethralen Drüsen", münden direkt in die Harnröhre. Zwei größere Drüsen liegen direkt neben der äußeren Mündung des Harnröhrenkanals. Sie werden „paraurethrale Drüsen" oder „Skene-Drüsen" genannt. Ihre Ausführungsgänge münden rechts und links der Harnröhrenöffnung.

Die weibliche Prostata kann also bis zu 35 Milliliter Ejakulat produzieren. Da sie bei der Technik des Kunyaza direkt stimuliert wird, ist es möglich, dass dieses Organ mehr Flüssigkeit produziert, als bisher gemessen wurde. Deshalb ist die weibliche Prostata für mich die zweitgrößte Quelle des weiblichen Ejakulats.

Die Eileiter

Die Eileiter liegen rechts und links neben der Gebärmutter. In den Eileitern gibt es Drüsen, die unentwegt ein Sekret erzeugen, das in Richtung Gebärmutter fließt. Die Hauptfunktion der Eileiter besteht darin, das Ei zur Gebärmutter zu transportieren. Die größte Menge Sekret wird hier in der Mitte des weiblichen Zyklus produziert. Diese Flüssigkeit kann ebenfalls Bestandteil des weiblichen Ejakulats sein.

Der Gebärmutterkörper

Die in diesem Teil der Gebärmutter liegenden Drüsen produzieren unentwegt Sekrete, deren Menge davon abhängt, in welcher Phase des Monatszyklus sich die Frau befindet. Diese Sekrete können ebenfalls Bestandteil des weiblichen Ejakulats sein.

Der Gebärmutterhals

In diesem Teil der Gebärmutter liegen Drüsen, die ein zähflüssiges, schleimiges Sekret produzieren, das zur Vagina hin abgegeben wird.

Die kleinen Schamlippen

In den kleinen Schamlippen liegen Drüsen, die fettige talgartige Sekrete abgeben, die sich wiederum mit der Scheidenflüssigkeit vermischen. Beide können Bestandteil des weiblichen Ejakulats sein und zu seiner dickflüssigen, milchigen Konsistenz beitragen.

Die Harnröhre

Es kann sein, dass biologische Reaktionen, wie sie in den Scheidenwänden stattfinden, sich auch in den Wänden der Harnröhre abspielen und dass hier ebenfalls ein Transsudat (siehe Seite 37) erzeugt wird, das in die Harnröhre abgegeben wird und so zur Bildung des von der weiblichen Prostata erzeugten Ejakulats beiträgt.

Im Anhang dieses Buches finden Sie detaillierte Abbildungen zur Anatomie mit den Bezeichnungen der weiblichen und der männlichen Geschlechtsorgane (Seite 150 ff.).

Kurze Zusammenfassung

Das weibliche Ejakulat ist also im Wesentlichen eine Mischung aus den Sekreten der Scheidenwände und der weiblichen Prostata. Diese Sekrete sind jedoch wässrig. Da das weibliche Ejakulat aber auch dickflüssig und milchig sein kann, ist es durchaus denkbar, dass die Sekrete aus dem Gebärmutterhals und den kleinen Schamlippen, deren Menge mit der Erregung der Frau ebenfalls zunimmt, dafür verantwortlich sind. Außerdem sind auch die Sekrete der Eileiter, des Gebärmutterkörpers und der Harnröhre Bestandteil der Flüssigkeit, die bei zunehmender sexueller Erregung der Frau ausgestoßen wird. Meine Hypothese ist also, dass das weibliche Ejakulat eine Mischung von Sekreten all dieser Organe im Becken- und im Bauchraum der Frau darstellt. Dies ist allerdings eben nur eine Hypothese. Ob sie der Wirklichkeit entspricht, das muss natürlich erst durch wissenschaftliche Studien bestätigt werden.

Erfahrungsberichte zum Thema „weibliche Ejakulation"

Erfahrungsberichte von Männern und Frauen aus dem Westen

Einige Stimmen und Meinungen aus dem Internet[12]

Denis: „Ich schäme mich nicht, dass meine Partnerin eine *Femme fontaine* [Springbrunnenfrau] ist. Ganz im Gegenteil. Ich finde all diese Flüssigkeit, die aus ihrem Körper herausfließt, wenn sie erregt ist, wunder voll."

Élise: „Ich bin seit meinem ersten richtigen sexuellen Erlebnis eine *Femme fontaine.* Ich war damals vierundzwanzig Jahre alt. Und ich schäme mich nicht dafür. Für mich ist es ein wertvolles Geschenk. Die Männer, die dieses genussvolle Erlebnis mit mir geteilt haben, waren stolz und beeindruckt. Da meine ‚Überschwemmungen' jedoch viel Magnesium enthalten, habe ich einen Magnesiummangel. Ja, ich kann es laut sagen: Ich habe wirklich Glück. Ich bin jetzt vierundvierzig Jahre alt, habe vier Kinder und ejakuliere immer noch."

Yves: „Die weibliche Ejakulation beim Orgasmus zeigt dem Mann im Grunde, dass er ‚seine Arbeit' gut gemacht hat. Ich persönlich bin zurzeit mit einer Femme fontaine zusammen und finde es unglaublich toll. Ich probiere mit großem Genuss von ihrem Nektar und sie von meinem. Ich glaube, dass die weibliche Ejakulation ein Zeichen dafür ist, dass der Geschlechtsverkehr entspannt ist, denn bei einer gestressten Frau kommt sie nur selten vor."

Manu: „Ich träume davon, mit einer *Femme fontaine* Sex zu haben. Ich weiß nicht warum, aber seit ich davon gehört habe, ist es meine schönste Vorstellung."

Adeline: „Wenn ich sehr erregt bin, merke ich, wie beim Orgasmus oder kurz davor Flüssigkeit aus mir herausströmt. Manchmal ist das so viel, dass die Bettwäsche danach richtig nass ist. Am Anfang hat mich das verunsichert, weil ich nicht wusste, was es ist. Ich habe mir Sorgen gemacht, weil ich dachte, dass ich ins Bett gepinkelt hätte. Aber diese Flüssigkeit war von der Farbe und vom Geruch her kein Urin. Sie duftete eher wie ein Parfüm, das sich nach einer Weile verflüchtigt."

Genauere Beschreibungen zum besseren Verständnis des Phänomens[13]

Gabriele: „Für mich ist es einfach selbstverständlich, wenn ich mich selbst befriedige, dass bei einem klitoralen Orgasmus diese geruchlose helle Flüssigkeit aus meiner Scheide spritzt. Ist dies nicht der Fall, konnte ich mich nicht genügend entspannen."

Kathrin: „Jetzt bin ich fünfundzwanzig und kann nicht genau sagen, seit wann ich bei mir diesen Flüssigkeitserguss beobachte. Auf alle Fälle seit einigen Jahren, was sicherlich mit der Intensität der lang dauernden, tiefen emotionalen Beziehung zu meinem Freund zusammenhängt. Diese Vermutung habe ich, weil ich bei flüchtigen, weniger intensiven Beziehungen viel weniger Flüssigkeit ausstoße. Wenn ich sage ‚ausstoße', dann meine ich das auch so. Wenn ich sehr erregt bin, kann die Flüssigkeit zehn bis fünfzehn Zentimeter weit spritzen. Sie ist dünn flüssig und mit etwas Urin gemischt. Ausschlaggebend für die Menge der Flüssigkeit ist nur, wie groß meine Lust/Erregung ist."

Tina: „Mit meinem ersten Freund erlebte ich mit siebzehn Jahren meine erste Ejakulation. In einem bestimmten Erregungszustand, nach sehr intensiven und langen Streicheleien verlor ich die letzte Kontrolle und damit gleichzeitig ‚literweise' Flüssigkeit. Ich kann nicht genau sagen, wie viel es tatsächlich war. Es waren jedenfalls mehrere große, regelrecht nasse Flecken auf der Matratze. Wir mussten sie zum Trocknen an die Heizung stellen. Es war ein Gefühl des totalen Loslassens, und ich konnte kurz vor dem Flüssigkeitserguss die direkte Berührung meiner Klitoris kaum noch aushalten. Mein Erregungszustand war kurz vor der Schmerzgrenze. Ich hatte es nicht jedes Mal, wenn wir miteinander schliefen, sondern immer nur dann, wenn wir uns besonders viel Zeit ließen, meine Erregung also zu diesem bestimmten Punkt kommen konnte."

Rita: „Ich kenne das Phänomen der weiblichen Ejakulation, habe es aber nur zwei Mal in meinem Leben genossen: Ich war total fasziniert von dem Mann und es waren sehr tiefe (emotionale) Begegnungen. Die Flüssigkeit sieht wie Wasser aus, riecht aber wunderbar!"

Gisela: „Vor drei Jahren entdeckte ich nach einem Orgasmus eine ungewöhnliche Flüssigkeitsmenge. Mein Freund und ich dachten zuerst, dass ich gepinkelt hätte und in einer Art lustvoller Lockerung aller Muskeln die Kontrolle über meine Blase aufgegeben hätte. Das stimmte jedoch mit der Geruchskomponente nicht überein. Seitdem beobachte ich das Phänomen häufiger. Allerdings habe ich den Verdacht, dass die Flüssigkeitsmenge in Abhängigkeit vom Zyklus variiert und am Anfang eines Zyklus so gering ist, dass sie unbemerkt bleibt. Ich bemerke dieses Phänomen auch nur in größerer Intensität an mir, wenn ich besonders ausgelassen den Sex genieße."

Kirstin: „Sicher ist, so was kommt nur bei totaler Entspannung, ziemlich intensiver Erregung und besonders stark um die Zeit des Eisprungs herum vor. Die Flüssigkeit ist weiß-klar und riecht nicht nach Urin. Mein Mann sagt, dass er das mit dem Finger auch spüren kann. Es würde sehr feucht und das ziemlich plötzlich.“

Tina: „Bisher war ich davon überzeugt, dass die Flüssigkeit, die kraftvoll aus mir herausspritzte, Urin sei. Peinlich wurde es mir erst, als mein Exlover mir nicht gerade nett klarmachte, dass er beim Oralverkehr meinen Urin ins Gesicht bekäme. Eine Ejakulation habe ich mit ihm nicht mehr erlebt, dafür erlebe ich es noch häufiger, wenn ich mich selbst befriedige.“

Erfahrungsberichte von Männern und Frauen aus Afrika[14]

Frage an Marie-Louise, 50 Jahre: „Sie haben erzählt, dass Sie beim Geschlechtsverkehr sehr häufig ejakulieren. Was würden Sie einem Ausländer über dieses Thema erzählen wollen?“

Antwort: „Ich würde ihm zuerst sagen, dass in Ruanda von einer Frau erwartet wird, dass sie beim Liebemachen ejakuliert. Damit das auch passiert, wenden die Männer eine spezielle Methode an, die wir *kunyaza* nennen und die die Frau zum Ejakulieren bringt. Wenn eine Frau trotz Kunyaza nicht ejakuliert, ist das schlecht für sie, weil sie dann nicht als ‚richtige Frau‘ betrachtet wird. Solche Frauen sind wohl bekannt und werden *rwasubutare* genannt. Das bedeutet: Mit ihr Sex zu haben ist genauso schwer wie Granit zu spalten. Wenn ein Mann merkt, dass er eine rwasubutare geheiratet hat, hat er einen guten Grund, sich scheiden zu lassen oder sich eine andere Frau zu suchen …“

Frage: „Marie, wie viel weibliches Ejakulat kann Ihrer Erfahrung nach beim Liebesakt ausgestoßen werden?“

Antwort: „Na ja, mein Mann und ich haben es nie gemessen. Ich kann nur grob schätzen. Sehen Sie diesen Behälter da? Da geht, sagen wir mal, mindestens ein Liter rein. Tja, den kann ich füllen und sogar zum Überlaufen bringen. Im Prinzip fließt es die ganze Zeit beim Lieben aus mir raus und hört erst am Ende auf."

Frage: „Joséphine, wie sind Geruch, Farbe und Konsistenz des weiblichen Ejakulats?"

Antwort: „Ich kann nicht beschreiben, wie es riecht, aber wenn ich in ein Haus komme, in dem die Leute gerade Sex miteinander hatten, merke ich das sofort. Und was die Farbe und die Konsistenz betrifft, na ja, es ist eine weißliche Flüssigkeit, die dickflüssiger ist als Wasser und ein bisschen klebrig."

Frage: „Thomas, man sagt, dass Frauen nur ejakulieren, wenn Kunyaza angewendet wird. Was denken Sie, stimmt das?"

Antwort: „In der Regel stimmt das. Aber es gibt auch Ausnahmen. Ich kannte einmal eine Frau, die Sex über alles liebte. Sie ejakulierte ungeheure Mengen. Kaum war ich in ihr drinnen, fing es schon an zu fließen. Mir kam es vor, als würde ich einen Wasserhahn immer weiter aufdrehen. Meine Schaumstoffmatratze war total durchweicht und unter dem Bett bildeten sich sogar Pfützen."

Frage: „Louis, warum lieben Männer Frauen, die ejakulieren?"

Antwort: „Wenn eine Frau ejakuliert, ist das nicht nur ein Genuss für den Mann, sondern auch für die Frau. Die Frau freut sich, dass sie das erreicht hat, was von ihr erwartet wurde. Der Mann ist glücklich, weil seine Partnerin positiv auf seine sexuelle Stimulation reagiert hat. Und außerdem findet er den Kontakt seines Gliedes mit der warmen Flüssigkeit angenehm und erregend zugleich. Seine Erregung ist so intensiv, dass er sich kontrollieren muss, um nicht vorzeitig zu ejakulieren."

Frage: „Elise, warum empfinden Frauen die weibliche Ejakulation als angenehm?"

Antwort: „Die Ejakulation gefällt uns aus verschiedenen Gründen. Zuallererst ist eine Frau stolz, wenn sie ejakuliert, weil sie die Erwartungen ihres Partners erfüllt hat. Viele Frauen sind so stolz auf ihre Ejakulation, dass sie ihre Matratze dort zum Trocken hinlegen, wo alle es sehen können. Manche Frauen geben sogar mit ihren großen Mengen Ejakulat an. Und es gibt noch einen anderen Grund: Wir fühlen uns danach total entspannt und gereinigt. Besonders in der Zeit nach einer Entbindung haben wir das Gefühl, dass uns die Ejakulation von innen reinigt."

Frage: „Véronique, im Bereich der Geschlechtsorgane der Frau gibt es zwei Öffnungen: die Harnröhrenöffnung, aus der der Urin austritt, und die Scheidenöffnung, die für die Penetration vorgesehen ist. Wo fließt das Ejakulat Ihrem Gefühl nach heraus?"

Antwort: „Aus der Scheide natürlich."

Frage: „Thomas, wie würden Sie die Konsistenz des weiblichen Ejakulats beim Sex beschreiben?"

Antwort: „Das ist ganz unterschiedlich. Manchmal hat man das Gefühl, dass es eher dünnflüssig ist, manchmal ist es aber auch dickflüssiger. Auf jeden Fall ist es angenehmer, wenn es dickflüssig ist, weil man dann auf einen gewissen Widerstand stößt, während man den Penis in der Vagina vor und zurück bewegt.

Frage: „Jacob, können Ihrer Meinung nach Frauen über fünfzig auch ejakulieren?"

Antwort: „In Ruanda gibt es ein berühmtes Sprichwort: *Gishira kuhyara ntigishira kunyara.* Das heißt in etwa: ‚Die Vagina hört auf, Kinder zu bekommen, aber nicht zu ejakulieren.' Natürlich ejakulieren auch ältere Frauen. Meine Frau ist heute fünfzig und ejakuliert von der Menge her mehr als mit zwanzig."

Frage: „Papias, stimmt es, dass die weibliche Ejakulation nur dann stattfindet, wenn eine Frau ihre kleinen Schamlippen durch die Praktik des ‚Gukuna' verlängert hat?

Antwort: „Ich hatte mit mehreren Frauen aus unterschiedlichen Kulturen sexuelle Beziehungen. Meiner Erfahrung nach funktioniert die weibliche Ejakulation, wenn man Kunyaza anwendet, bei Frauen aus allen Kulturkreisen, unabhängig von ihrer Hautfarbe, ihrer Religion und der Länge ihrer kleinen Schamlippen. Sie kann sogar bei beschnittenen Frauen funktionieren, wie ich beim Sex mit zwei Frauen aus Kenia feststellen konnte.

Katana, eine Sexualerzieherin, die sich gut auskennt mit den traditionellen Praktiken in Uganda, erzählt bei einem Workshop über Sexualität: „Ich selbst hatte keine Ahnung von weiblicher Ejakulation, bis ich meinen jetzigen Liebhaber kennenlernte. Am leichtesten wird sie durch die Technik der Banyankore, das sogenannte kachabali [andere Bezeichnung für „Kunyaza"] ausgelöst. Wenn euer Liebhaber weiß, worauf es ankommt, können ganze Flüsse aus euch herausfließen und ihr könnt dabei mehrere Orgasmen hintereinander haben."[15]

IV.

Das Geheimnis des Kunyaza

Von der Theorie zur Praxis

Lassen Sie uns nun „zur Sache“ kommen. Sie fragen sich sicherlich schon eine Weile: „Was ist das denn jetzt genau, dieses Kunyaza, das hier in den höchsten Tönen gelobt wird?“ Und so ist es Zeit, dass ich Sie in die Einzelheiten dieser Methode einweihe. Doch zuerst möchte ich noch ein paar Worte über das Vorspiel verlieren.

Das unverzichtbare Vorspiel, das man in jeder Kultur findet

Das Vorspiel ist bei der körperlichen Liebe tatsächlich unverzichtbar, damit beide Liebespartner in einen Zustand sexueller Erregung kommen, der es ihnen ermöglicht, den eigentlichen Geschlechtsakt zu vollziehen – sowohl zur Zufriedenheit der Frau als auch des Mannes. Für die Frau ist das Vorspiel besonders wichtig, da sie langsamer in diesen Zustand gelangt. All unsere Sinnesorgane können am Vorspiel beteiligt sein: Augen (Sehen), Ohren (Hören), Nase (Riechen), Zunge (Geschmacksinn) und Haut (Tasten). Fantasien können uns ebenfalls erregen. Die Studien von Alfred Charles Kinsey und seinen Mitarbeitern haben allerdings gezeigt, dass die Reize, die unser Tastsinn aufnimmt, am wirkungsvollsten sind, wenn es darum geht, sexuelle Erregung zu erzeugen.

Unsere Augen nehmen sexuelle Reize auf, wenn wir uns anlachen, uns in die Augen sehen; dem anderen zusehen, wie er erotisch tanzt; einen Blick auf Körperteile, die in unserer Kultur sonst verdeckt sind, zum Beispiel Brüste oder die Geschlechtsteile, erhaschen … Komplimente, erotische Gespräche, gemeinsam Liebeslieder zu singen … kann uns ebenfalls in Stimmung bringen. Angenehme Gerüche wie Blumen und ein lecker duftendes Essen vor dem Sex und der wohlriechende Körper des Liebsten beziehungsweise der Liebsten erregen uns genauso wie gut schmeckende Zungenküsse.

Der Tastsinn führt uns allerdings viel einfacher und auch wesentlich schneller in einen sexuell erregten Zustand. Schon der Körperkontakt bei einem „Stehblues“ oder wenn wir mit nacktem Körper zusammen auf dem Bett liegen löst Verlangen aus. Wir berühren, streicheln uns, küssen uns zärtlich oder blasen ganz sanft oder etwas stärker auf die nackte Haut des oder der Liebsten. Die erregende Wirkung der Berührung ist in den „erogenen Zonen“ besonders groß. Diese Körperstellen reagieren besonders empfindlich auf sexuelle Reize. Hierzu gehören der Mund (Mundwinkel, Lippen, die Bereiche um den Mund herum), die Ohren (Ohrmuschel, Ohrläppchen), der Nacken und der Hals, der Bereich um den Bauchnabel herum, die Achselhöhlen, die Innenseiten der Oberschenkel und die Kniekehlen sowie natürlich die Brüste (insbesondere die Brustwarzen) und die Geschlechtsteile (Vulva, Penis und so weiter). Erogene Zonen wie der Rest des Körpers können auch durch Massage, sanftes Beißen oder vorsichtiges Kratzen mit den Fingernägeln stimuliert werden. Mit Gefühl an den Körperhaaren (an Kopfhaaren, Augenbrauen, Wimpern, Schamhaaren und bei Männern am Bart und an den Brusthaaren) zu ziehen kann ebenfalls erotisierend wirken.

Sexuelle Fantasien während des Vorspiels steigern ebenfalls das Verlangen. Rufen wir uns beispielsweise sexuelle Erlebnisse und die Empfindungen, die wir dabei hatten, ins Gedächtnis, so werden sexuelle Reaktionen in Gang gesetzt.

All das und noch viel mehr trägt dazu bei, uns sexuell zu stimulieren und Lust auf mehr zu machen; es bereitet uns auf den eigentlichen Liebesakt vor. Der Kreativität der Paare sind hier keine Grenzen gesetzt: Erlaubt ist, was beiden gefällt.

Im Jahr 2000 wurde in Deutschland *Die weiße Massai* veröffentlicht, ein Roman, in dem die Schweizerin Corinne Hoffmann beschreibt, wie sie sich in das Land Kenia und dort in einen Massai-Krieger verliebt hat. Dieses Buch wurde in mehr als zwölf Sprachen übersetzt (unter anderem ins Deutsche, ins Japanische, ins Chinesische, ins Englische und ins Niederländische)! Die Autorin beschreibt hier, wie ihr Mann, zumindest die ersten Male, als sie miteinander Sex hatten, in sie eindrang, ohne sie in irgendeiner Form durch Zärtlichkeiten, Küsse oder andere Liebkosungen darauf vorzubereiten – ohne jedes Vorspiel also.

Man bekommt beim Lesen dieses Buches den Eindruck, dass afrikanische Männer kein Vorspiel kennen würden.

Das ist natürlich nicht wahr. Auch in Afrika springen die Liebenden nicht einfach aufeinander. Es stimmt zwar, dass sie keine Experten im Austausch von Zärtlichkeiten und Küssen sind, wie das in den westlichen Ländern üblich ist, doch sie haben eine andere Form, ihre sexuelle Begierde auszudrücken, ihre Partnerinnen zu umwerben und sie sexuell zu stimulieren. Ich möchte im Folgenden einige Beispiele geben, was in Ruanda zum Vorspiel gehört:

☯ **Sexuell stimulierende Reize für das Auge:** Wie in anderen Kulturen spielt auch in Ruanda bei Liebespaaren das Lachen eine große Rolle. Ein Lachen ist ein Zeichen dafür, dass ein körperliches Näherkommen jetzt erwünscht ist. Ein guter Liebhaber bringt seine Liebste zum Lachen, indem er ihr lustige und erotische Geschichten oder Witze erzählt. Vielleicht kitzelt er sie auch im Bereich der Achselhöhlen oder er sagt zu ihr: „Du lachst so schön, lache doch noch einmal!" Lachen ist besonders für Frauen sexuell stimulierend.

Ein Mann wird durch den Anblick erotischer Körperteile erregt. Ein schöner runder Po ist sehr erotisch, insbesondere wenn dieser beim Tanzen bewegt wird wie beim Geschlechtsverkehr. Und so kann ein sinnlicher Tanz Teil des Vorspiels sein. Der Anblick der Oberschenkel einer Frau erregt Männer, weil diese sonst verdeckt sind. Spielt eine Frau mit diesem Reiz, indem sie ihre Oberschenkel nach und nach entblößt, so kann sie den Mann schnell für den Liebesakt begeistern. Schöne große Augen wie die eines Kalbes, deren Besitzerinnen in Liebesliedern als *masoyinyana* (Frau mit den Augen eines Kalbes) bezeichnet werden, können die sexuelle Lust bei Männern steigern. Eine Frau, die solche Augen hat, kann sie einsetzen, indem sie dem Mann lang und intensiv in die Augen sieht, was *guterekamaso* genannt wird.

Schöne Haare, lange Wimpern, schwarzes Zahnfleisch, gut geformte Lippen, schöne Hände und schöne Beine und vieles mehr werden ebenfalls von Frauen und von Männern als erotisch empfunden und können beim Vorspiel eine Rolle spielen. Hier gilt, wie so oft: Was als schön empfunden wird, ist individuell verschieden – also Geschmackssache. Die Partner machen Komplimente; sie loben die Körperteile, die ihnen gefallen, beim Vorspiel. In der ruandischen Kultur wie in vielen anderen ist es auch das gepflegte Erscheinungsbild, das den anderen begehrenswert macht.

☯ **Sexuell stimulierende Reize für das Ohr:** Auch über das Ohr wirkt das Lachen sexuell stimulierend. Ein freies, lautes Lachen erregt manche Menschen. Dies gilt insbesondere, wenn dabei eigenartige Laute erzeugt werden – sie werden in Ruanda besonders geschätzt.
Und Komplimente spielen in Ruanda sowohl im Alltag als auch beim Vorspiel und im Liebesakt selbst eine große Rolle. Wie bereits erwähnt, macht man Komplimente über die Körperteile, die man bei der anderen Person bewundert. Außerdem steigert es die Bereitschaft der angesprochenen Person zur sexuellen Begegnung, wenn man ihre Intelligenz und ihren guten Charakter lobt.

In Ruanda gibt es viele Wörter, die Zärtlichkeit auszudrücken. Am häufigsten verwendet werden *disi, shenge* und *nyabusa* – das sind praktisch Koseworte wie „Schätzchen", „Liebling", „Süße". Wer so genannt wird, fühlt sich geschmeichelt und in gewisser Weise – je nach Situation – als ein Objekt der Sympathie oder der Begierde. Dasselbe gilt für das Wort *sha*.

Kosewörter werden in Ruanda im Alltag verwendet, sie fehlen nicht im „Liebesgeflüster" des Vorspiels und sie kommen in Liebesliedern vor. Ruandische Frauen singen auch im Alltag gern. Singen sie gefühlsbetonte Lieder, so kann das ihr sexuelles Verlangen schnell steigern. Und Männer können solche Lieder beim Vorspiel mit ihren Liebsten gemeinsam singen.

☯ **Sexuell stimulierende Reize für die Nase:** An Tagen, an denen Frauen ihre Bereitschaft zur sexuellen Begegnung signalisieren möchten, reiben sie sich am ganzen Körper mit Cremes ein, die aus Kuhbutter gewonnen werden. Ihr Duft weckt bei Männern sexuelles Interesse. Wohlhabendere Frauen verwenden jedoch moderne Parfums.

☯ **Sexuell stimulierende Reize für die Zunge:** Zungenküsse tauschen nur moderne ruandische Paare während des Vorspiels aus. Der Geschmackssinn spielt jedoch eine Rolle, wenn Frauen ihre Bereitschaft zum Sex signalisieren, beispielsweise indem sie für ihre Männer ein besonders leckeres Gericht mit Fleisch und scharfem Pfeffer kochen. Dazu wird gern auch in Ruanda ein Wein getrunken. Bei einem solch köstlichen Essen nimmt die Vorfreude auf die sexuelle Begegnung mehr und mehr zu.

☯ **Sexuell stimulierende Reize für die Haut:** Sich beim Vorspiel zu streicheln oder zu massieren ist in Ruanda nicht üblich. Körperkontakt spielt jedoch eine große Rolle: Das beginnt schon bei der Begrüßung. In Ruanda begrüßt man sich, indem man sich umarmt, was als *guhoberana* bezeichnet wird. Sich die Hand zu geben oder Küsse auf die Wangen anzudeuten gehört hier nicht zur traditionellen Art der Begrüßung. Man umarmt sich einfach und je lieber man den anderen hat, desto länger, fester und enger wird die Umarmung. Bei dieser Umarmung kann man die meisten Teile des Körpers des anderen spüren, so zum Beispiel die Brüste der Frau. Junge Menschen können die Umarmung noch anregender machen, etwa indem die Frau mit ihren Händen gegen den unteren Rücken des Mannes drückt, wodurch sein Unterleib enger an ihren rückt, sodass sich die Geschlechtsteile der beiden berühren. Das wird als *kugwamo* bezeichnet, was so viel bedeutet wie „in die Vagina fallen". Diese Art der Berührung stimuliert Mann und Frau.

In Ruanda schlafen die Liebespaare nachts nackt und auf der Seite liegend einander zugewandt, wobei die Arme der Frau um den Körper des Mannes und die des Mannes um den der Frau gelegt sind. Mann und Frau umschlingen einander, was *gupfumbatana* genannt wird. *Kwerekerana* heißt die Stellung, bei der man „von Angesicht zu Angesicht", also einander zugewandt liegt. Bei dieser Haltung sind alle Körperteile in Kontakt, auch Brüste, Oberschenkel und Geschlechtsteile. Liegt das Liebespaar so nah zusammen, ist es sehr wahrscheinlich, dass beide irgendwann sehr erregt sind. Und so nah sagt man in Ruanda auch: „*Aberekeranye ntibabura kwendana*" (Wer „von Angesicht zu Angesicht" liegt, macht irgendwann auch Sex).

Beim Schlafen nah beisammenzuliegen fördert das Gefühl der Zusammengehörigkeit: Das Liebespaar hat Körperkontakt; Mann und Frau spüren einander – und das eben nicht nur, wenn sie Sex machen möchten. Viele Menschen aus anderen Kulturen, in denen so viel körperliche Nähe nicht üblich ist, glauben nicht, dass man lange in der oben beschriebenen Haltung liegen kann, aber in Ruanda schlafen die Paare die meiste Zeit über einander zugewandt und umschlungen. Sie können das, weil sie es schon als Kleinkinder lernen. In Ruanda schlafen viele Kinder gemeinsam in der *gupfumbatana*-Haltung in einem Bett.

Nackt zu schlafen ist in Ruanda üblich. Eine Frau, die keinen Sex von ihrem Mann bekommt, signalisiert das ihren Schwiegereltern, indem sie ihnen gegenüber äußert, dass ihr Sohn „angezogen" schlafe. Die Schwiegereltern wissen dann, was gemeint ist, und sprechen mit ihrem Sohn darüber.

☯ **Sexuell stimulierende Reize, die die Fantasie anregen:** Wie in anderen Kulturen auch, steigern Liebespaare in Ruanda ihre sexuelle Lust auch dadurch, dass sie vor dem Sex über frühere erotische und sexuelle Erlebnisse sprechen, die besonders erregend waren.

Ich hoffe, dass ich Ihnen durch diese Beispiele aus der ruandischen Kultur nahebringen konnte, dass es auch in Afrika ein Vorspiel gibt. Ob der Schwerpunkt eher auf der Sinnlichkeit oder auf der Fantasie liegt, das ist von Kultur zu Kultur unterschiedlich. Und so ist auch verständlich, dass Corinne Hofmann am Anfang ihrer Beziehung zu dem Massai-Mann Schwierigkeiten mit dem Vorspiel hatte, denn weder sie noch er kannten sich in den sexuellen Gewohnheiten und Praktiken der jeweils anderen Kultur aus.

Leider gibt es überall auf der Welt und in allen Kulturen Menschen – vor allem Männer –, die brutal sind und die ihre Partner/innen ohne jegliche Vorbereitung zum Sex zwingen. Das gilt vor allem, wenn Alkohol und andere Drogen im Spiel sind oder wenn die Liebe, auch wenn sie auf Gegenseitigkeit beruht, zur Routine geworden ist. Wenn wir das Paarungsverhalten verschiedener Tierarten beobachten, sehen wir, dass zärtliche Gesten vor dem eigentlichen Geschlechtsverkehr eine sehr natürliche Sache sind.

Das Balzverhalten der Tiere

Pfauen schlagen ein Rad, um ihre Weibchen zu beeindrucken. Männliche Kröten verfolgen mit ihrem Quaken denselben Zweck. Insekten und viele Säugetiere geben Duftstoffe ab. Die potenziellen Partnerinnen reagieren mit ihrem angeborenen Instinkt auf diese Verhaltensweisen, die sie anziehen sollen, und nähern sich, wenn sie zur Kopulation bereit sind. Die Paarung selbst erscheint uns bisweilen brutal. Jegliche Schüchternheit ist dabei ausgeschlossen, weil der Partner oder die Partnerin schon lange Zeit durch eine ganze Reihe von verführerischen Verhaltensweisen (Paarungsvorspiel) vorbereitet wurde. So scheinen die Wildkatzenweibchen und die Hirschkühe beispielsweise einige Tage lang zu fliehen. Das bedeutet, dass nur die widerstandsfähigsten Männchen ihnen folgen können und eine Chance haben, sich mit ihnen zu paaren. Bei den Haubentauchern kann die Balz sogar mehrere Wochen dauern. Diese Vögel sind darüber hinaus für ihr äußerst kunstvolles Balzverhalten bekannt. Auf der Website einer Umwelt- und Naturschutzbewegung wird der Haubentaucher folgendermaßen beschrieben: „Der Haubentaucher nistet zwischen April und Juli. In dieser Zeit haben die erwachsenen Vögel eine doppelte Federhaube und braune ‚Ohrenklappen', die den Kopf einrahmen. Während ihrer auffälligen Balz befinden sich Männchen und Weibchen einander gegenüber, strecken ihre Hälse in die Luft und stoßen laute Rufe aus, dann tauchen sie unter Wasser, tauchen wieder auf und präsentieren sich gegenseitig Algen als Geschenk. Anschließend verharrt das Pärchen unbeweglich Brust an Brust und jeder Vogel dreht den Kopf zuerst zur einen und dann zur anderen Seite."[16]

Abbildung 2: Zärtliche Gesten in der Natur

Höchstwahrscheinlich ist das Vorspiel der meisten Menschen nicht halb so wundervoll wie das Paarungsvorspiel dieser faszinierenden und äußerst sympathischen Vögel zur Vorbereitung auf die Paarung. Deshalb können wir uns hier ruhig ein bisschen von den Tieren inspirieren lassen. Wir tun das sowieso: Viele Handbücher zum Thema „Sexualität" beschreiben die verschiedenen Stellungen, die wir beim Sex einnehmen, als Nachahmung von Tierstellungen; so gibt es beispielsweise die Froschstellung, die Kaninchenstellung, die Giraffenstellung, die Flunderstellung, die Hundestellung und viele mehr, die uns dadurch daran erinnern, dass der Mensch diese Tiere nachahmt. Und wo wir schon dabei sind: Es scheint, dass der Kuss vom Schnäbeln der Vögel abgeschaut ist. Der Ursprung des Zungenkusses soll hingegen auf unsere frühe Geschichte zurückgehen und damals nichts mit Sexualität zu tun gehabt haben. Einige Experten gehen davon aus, dass die Frauen früher ihre Babys auf diese Weise fütterten: Sie kauten das Fleisch und ließen dann den Brei aus ihrem Mund in den Mund des Kindes gleiten. Auf diese Weise fütterten sie nicht nur ihre Kinder, sondern gaben auch Abwehrstoffe gegen verschiedene Krankheiten über den Speichel an sie weiter.

Beim Kunyaza geht es allerdings nicht darum, irgendein Tier zu imitieren; es wurde einzig und allein aus der Beobachtung dessen entwickelt, was sich beim Liebesakt abspielt. Beim Kunyaza werden fast alle erogenen Zonen der Frau im Bereich der Geschlechtsorgane und des Damms mit dem männlichen Glied stimuliert, wobei Kunyaza mit oder ohne vaginale Penetration praktiziert werden kann. Die Männer praktizierten diese Technik in früheren Zeiten mit jungen Mädchen zum einen, um eine Schwangerschaft zu vermeiden – denn Schwangerschaft konnte mit dem Tod bestraft werden –, und zum anderen, um ihre Jungfräulichkeit, zumindest zum Schein, bis zum Tag der Hochzeit zu bewahren, wie es die ruandische Tradition verlangte. Erst in zweiter Linie entdeckte man die anderen Vorteile dieser Technik: Diese Sexualpraktik eignete sich ausgezeichnet zur Steigerung der Lust der Frau und des Mannes und übertraf darin die einfache vaginale Penetration. Seit damals wird diese Technik in all ihren Varianten beim Liebesakt mit Frauen jeden Alters angewendet.

Aber lassen Sie mich Ihnen im Folgenden die Einzelheiten darlegen.

Und nun zum Liebesakt …

Dr. Eulogius spricht bei seiner Definition von „Kunyaza“ davon, dass der Penis an der Klitoris „gerieben“ wird. Das ist nicht ganz richtig. In Wirklichkeit „klopft“ der Mann rhythmisch mit der Eichel (der Spitze) seines Penis, den er mit der Hand oder zwischen Zeige- und Mittelfinger hält, auf die Klitoris. Das kann er auf zweierlei Weise tun:

☯ Er kann sich auf die Klitoriseichel (Klitorisperle) konzentrieren, das heißt, er klopft mit seinem erigierten Glied ununterbrochen auf diesen Teil der Klitoris, und zwar von oben nach unten und wieder zurück oder von links nach rechts und wieder zurück, oder er führt – noch besser – eine Kombination aus waagerechten und senkrechten Bewegungen aus. Eine weitere Variante ist das Klopfen mit kreisförmigen Bewegungen im Uhrzeigersinn und gegen den Uhrzeigersinn.

☯ Die zweite Möglichkeit besteht darin, sowohl auf die Klitoriseichel als auch auf den Klitoriskörper zu „klopfen", und zwar in rhythmischen gleichförmigen senkrechten Bewegungen vom Ansatz des Klitoriskörpers bis zum Ende der Klitorisperle und wieder zurück, in geraden oder in Zickzack-Bewegungen.

Zu Beginn mag das Klopfen auf die Klitoris für die Frau ein wenig schmerzhaft sein, weil sie vielleicht nicht feucht genug ist. In diesem Fall empfiehlt es sich, die Klitoris mit Speichel zu befeuchten.

Auf den ersten Blick ist nichts Besonderes an dieser Art des Liebesspiels, das aus der Stimulierung der Klitoris mit dem Penis besteht. Doch sie kann Wunder vollbringen. Frauen, die noch nie einen Orgasmus hatten, können ihn auf diese Weise zum ersten Mal erleben und mit etwas Glück sogar die Erfahrung der weiblichen Ejakulation machen. Und was uns Männer betrifft, so können wir ejakulieren und einen Orgasmus bekommen, ohne dass wir in die Frau eindringen.

Die gerade beschriebene Stimulation der Klitoris ist die einfache Form des Kunyaza. In der Regel wendet man jedoch eine komplexe Variante an, bei der sowohl die Klitoris als auch alle anderen erogenen Zonen im Bereich der Geschlechtsorgane und des Damms einschließlich der Vagina stimuliert werden. Man kann dabei vorgehen wie folgt:

☯ Zunächst feuchtet man den Penis durch die Penetration an (wir gehen in diesem Fall davon aus, dass die Vagina durch das wundervolle Vorspiel bereits feucht ist). Der Mann dringt also in die Vagina ein und bewegt das Glied vor und zurück wie bei der gewöhnlichen vaginalen Penetration, bis der Penis vollkommen feucht ist.

☯ Anschließend stimuliert man die kleinen Schamlippen und den Scheidenvorhof (den Bereich zwischen Klitoris und Vaginalöffnung, auf der Innenseite der kleinen Schamlippen). Dazu muss man den Penis aus der Vagina herausziehen und mit ihm rhythmisch und gleichförmig in senkrechten, in waagrechten und in Zickzack-Bewegungen auf die kleinen Schamlippen „klopfen", von oben nach unten und wieder nach oben. Auf diese Weise werden die Schamlippen weiter stimuliert, sie werden noch feuchter und schwellen an. Danach wird der Scheidenvorhof einschließlich des Bereichs um die äußere Harnröhrenöffnung auf dieselbe Weise stimuliert wie die kleinen Schamlippen. Und dann beginnt man wieder von vorn – angefangen von der vaginalen Penetration bis zur Stimulation des Scheidenvorhofs. Die Erregung kann verstärkt werden, indem man mit etwas mehr Kraft auf die Randbereiche klopft. Dadurch werden die verborgenen Teile der Klitoris stimuliert, auf die ich später noch näher eingehen werde (siehe Kapitel V, „Die beste Methode für die körperliche Liebe", Seite 81 f.). In dieser Phase kann es bereits zum Orgasmus und zur Ejakulation der Frau wie des Mannes kommen. Ist das noch nicht der Fall, können die Partner einfach fortfahren.

☯ In der nun folgenden Phase werden die kleinen Schamlippen, der Scheidenvorhof und die Klitoris in rhythmischen gleichförmigen Bewegungen stimuliert. Der Mann stimuliert auch hier, indem er mit seinem Glied vom Ansatz des Klitoriskörpers bis zum Ende der kleinen Schamlippen klopft. Sind die kleinen Schamlippen kurz, kann er bis zur Vaginalöffnung stimulieren. Nach kurzer Zeit kann er auch zwischendurch in die Vagina eindringen und den Penis vor und zurück bewegen. Nun kann er diese Teile der Vulva und die Vagina, wie beschrieben, bis zum Ende des Liebesakts stimulieren.

☯ Abschließend können alle Teile der Vulva (Klitoris, Scheidenvorhof, kleine Schamlippen und Vaginalöffnung) und der Damm gleichzeitig angeregt werden. Die Bewegungen sind die gleichen wie die oben beschriebenen. Man beginnt beim Ansatz des Klitoriskörpers und stimuliert bis zum Bereich des Damms und wieder zurück, eventuell unterbrochen durch Penetration und Gleitbewegungen – Vor-und-zurück-Bewegen des Penis in der Vagina.

Doch die Stimulation der Vagina beschränkt sich nicht notwendigerweise auf diese Gleitbewegungen. Der Mann kann sein Glied auch nur bis zur Hälfte in die Vagina hineinschieben und es dabei in der Hand oder zwischen Zeige- und Mittelfinger halten. Dann fällt es ihm leicht, die Wände der Vagina zusätzlich zu stimulieren, indem er den Penis mit der Hand von oben nach unten, schräg oder kreisend bewegt. Dabei kann der Mann seinen Penis vom Eingang der Vagina in Richtung Gebärmutterhals bewegen. Seine Partnerin sollte ihm zu verstehen geben, welche Stellen besonders empfindlich sind ... und so fällt es dem Mann nicht schwer, die erogenen Zonen der Vagina zu entdecken und bewusst zu stimulieren. Die Gleitbewegungen des Gliedes in der Vagina können variiert werden, indem der Mann abwechselnd tief und weniger tief stößt.

Sie haben nun verschiedene Methoden kennengelernt, wie Sie Kunyaza sowohl in seiner einfachen als auch in seiner komplexen Form praktizieren können. Nun liegt es bei Ihnen, dies auszuprobieren. Mit der Zeit werden Sie herausfinden, welche Varianten, welcher Rhythmus und welche Intensität Ihnen am meisten Lust verschaffen. Was Rhythmus und Intensität betrifft, ist es in der Regel gut, langsam und sanft zu beginnen und die Geschwindigkeit der Bewegungen und die Intensität des Stoßens und Klopfens zu steigern, je erregter die Frau wird.

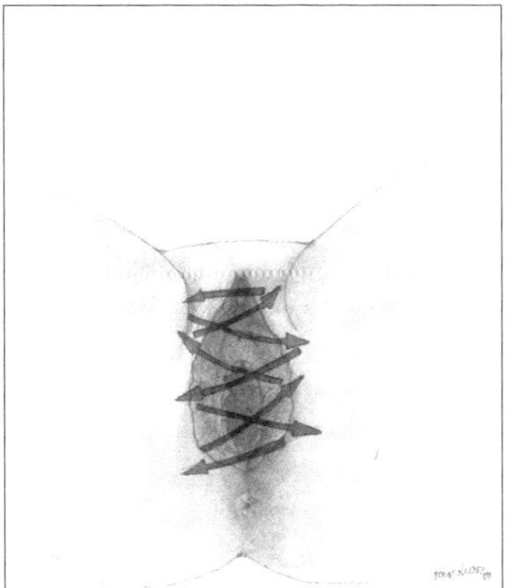

Abbildung 3: Stimulation der Vulva und des Damms mit waagerechten Bewegungen

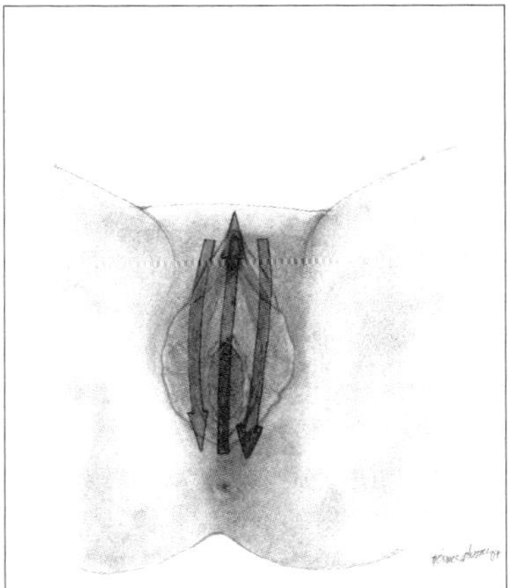

Abbildung 4: Stimulation der Vulva und des Damms mit senkrechten Bewegungen

Und was kann die Frau bei Kunyaza tun?

Auf den ersten Blick scheint Kunyaza eine Sache des Mannes zu sein, während die Frau sich ausschließlich hingibt und keine aktive Rolle spielt. Das kann Frauen, die gern aktiv sind, dazu verleiten, zu denken, diese Methode sei möglicherweise nichts für sie.

Meine Damen, ich kann Sie beruhigen, auch Sie werden Kunyaza lieben. Denn tatsächlich liegt oder sitzt die Frau beim Liebesakt nicht einfach passiv da, wie Sie möglicherweise aus der bisherigen Beschreibung schließen könnten. – Sie produzieren ohne Unterbrechung Ejakulat bis zum Orgasmus und Ihr Körper steht die ganze Zeit über unter Strom, da er durch Kunyaza intensiv stimuliert wird. Und Sie haben natürlich die Möglichkeit, den Liebesakt zu beeinflussen, indem Sie ihrem Partner zeigen, welche Varianten, welcher Rhythmus und welche Intensität Ihnen am besten gefallen. Und falls die Handgelenke Ihres Partners ermüden, können Sie den Penis in die Hand nehmen und mit seinem besten Stück Kunyaza praktizieren, bis der Mann wieder übernehmen will. Wenn es dem Mann nicht so richtig gelingt, den Scheidenvorhof zu stimulieren, können Sie mithelfen, indem Sie Ihre kleinen Schamlippen mit den Fingern so weit wie möglich auseinanderziehen, sodass er den ganzen Vorhofbereich leichter mit seinem Penis erreichen kann. Sie können ihm auf diese Weise helfen, während er Sie äußerlich stimuliert, und Sie können die großen Schamlippen auseinanderziehen, sodass Ihr Partner die äußeren Flächen der kleinen Schamlippen besser erreicht, um auch sie ausreichend zu stimulieren.

Das Nachspiel: Nähe und Zärtlichkeit nach der sexuellen Befriedigung

Warum ist das Nachspiel so wichtig?

Sie hatten beide einen Orgasmus … und nun? – Sie stehen einfach auf und lassen Ihre Partnerin beziehungsweise Ihren Partner im Bett zurück? Oder Sie schlafen sofort friedlich ein und schnarchen? Vielleicht gehen Sie in die Küche und holen sich ein schönes kühles Bier, um es, auf dem Bett liegend, wortlos zu genießen? Oder Sie rauchen schweigend die berühmte „Zigarette danach"? Möglicherweise fällt Ihnen auch plötzlich ein, dass Sie jetzt gut den Brief am Computer zu Ende schreiben könnten, und Sie eilen – beschwingt durch den guten Sex, den Sie gerade hatten – zum Bildschirm. Möglicherweise läuft aber auch ein wichtiges Fußballspiel oder ein Tennis-Match im Fernsehen. Es gibt tatsächlich Menschen, die sich so verhalten. Und es sind meistens Frauen, die sich über ein solches Verhalten ihres Partners beschweren – allzu oft dieselben, die beim Liebesakt nicht befriedigt wurden. Bei dem Gedanken, Sex zu haben, ist es keine Lust, die durch ihren Körper strömt, viel eher ist es Frustration. Das Ergebnis ist, dass sie nach Ausreden zu suchen beginnen, um Sex zu vermeiden. Und vielleicht fragen sie sich auch, ob sie sich nicht lieber einen neuen Partner suchen sollten …

Das Nachspiel – das heißt das Austauschen von Zärtlichkeiten nach dem Höhepunkt – ist von größter Bedeutung, wenn man die Lust auf beiden Seiten kultivieren und eine sexuelle Beziehung fördern will, die beide Partner als wirklichen Genuss erfahren. Für mich ist das Nachspiel wie ein gutes Dessert nach einem wunderbaren Essen. Und so hat es mich überrascht, dass viele westliche Autoren in ihren Sex-Ratgebern das Nachspiel kaum erwähnen. Ausführlich gehen sie auf das Vorspiel ein, aber die Zärtlichkeiten und die Nähe, die nach dem Liebesakt ausgetauscht werden, werden kaum erwähnt. Ich habe mich entschieden, auf das Thema „Nachspiel" ausführlicher einzugehen, denn ich bin davon überzeugt, dass diese Augenblicke der Nähe und der Zärtlichkeit eine wichtige Rolle spielen, wenn wir gute sexuelle Beziehungen haben wollen.

Tatsächlich stimmt das, was ich Ihnen zum Thema „Nachspiel" mitteilen will, mit dem überein, was ich bereits zu Anfang dieses Kapitels über das Vorspiel geschrieben habe: Welche Art von Zärtlichkeiten während des Nachspiels ausgetauscht werden, das ist von Kultur zu Kultur verschieden. Und so möchte ich Ihnen an dieser Stelle etwas über die Zärtlichkeiten erzählen, die ruandische Liebespaare nach dem

Sex austauschen. Und danach stelle ich Ihnen eine Übung vor, die ich selbst entwickelt habe – inspiriert durch Yoga, das ich seit über zwanzig Jahren praktiziere. Meiner Ansicht nach kann diese Übung von allen praktiziert werden, egal welcher Kultur sie angehören. Sie ermöglicht es Ihnen, genau wahrzunehmen, welche Veränderungen Kunyaza in Ihrem Körper und in Ihrer Seele bewirkt hat.

Das Nachspiel in Ruanda

Glückliche Liebespaare in Ruanda schlafen, wenn der Sex für beide sehr befriedigend war, nicht sofort ein; sie strecken sich vielmehr auf dem Bett aus, sehen sich an, umarmen einander in der *gupfumbatana*-Haltung und sprechen gemeinsam über die schönen Augenblicke des Abends, über das, was am nächsten Tag geplant ist, und darüber, was sie in Zukunft vorhaben. Das ist auch der richtige Augenblick, um dem anderen mitzuteilen, was einem sehr am Herzen liegt und was man vielleicht bislang nicht anzusprechen wagte. Danach schläft das Paar in seiner Umarmung ein. Und am nächsten Morgen geht dieser Austausch von Zärtlichkeiten weiter, indem man sich gegenseitig wäscht – das ist eine Form der Zuwendung, die wir *gutsiritana* nennen. Man wäscht sich dabei gegenseitig den ganzen Körper – von Kopf bis Fuß –, auch den Intimbereich. Anschließend cremt man sich gegenseitig ein. Danach isst man gemeinsam etwas Leckeres, um dabei zusammen über angenehme Dinge zu sprechen und gemeinsam zu lachen.

Eine Paarübung nach dem Liebesakt

Legen Sie sich nach dem Liebesakt ausgestreckt nebeneinander auf den Rücken. Ihre Arme liegen rechts und links neben dem Körper; Ihre Augen sind geschlossen. Beginnen Sie nun, im Geiste durch Ihren Körper zu wandern und nehmen Sie dabei wahr, welche Auswirkungen der Liebesakt auf Ihren Körper, auf Ihre Stimmung und auf Ihre gesamte Befindlichkeit hatte. Teilen Sie sich gegenseitig nach jeder Etappe – wie sie im Folgenden beschrieben wird – mit, welche Gefühle und Empfindungen Sie haben. Meine Damen, Sie beginnen. Wenn sie durch Ihre Gliedmaßen reisen, warten Sie, bis Sie das ganze Bein oder den ganzen Arm erspürt haben. Wenn nicht anders angegeben, lassen Sie Ihre Aufmerksamkeit von links nach rechts und anschließend Stück für Stück von unten nach oben wandern.

Im Einzelnen können Sie folgendermaßen vorgehen:

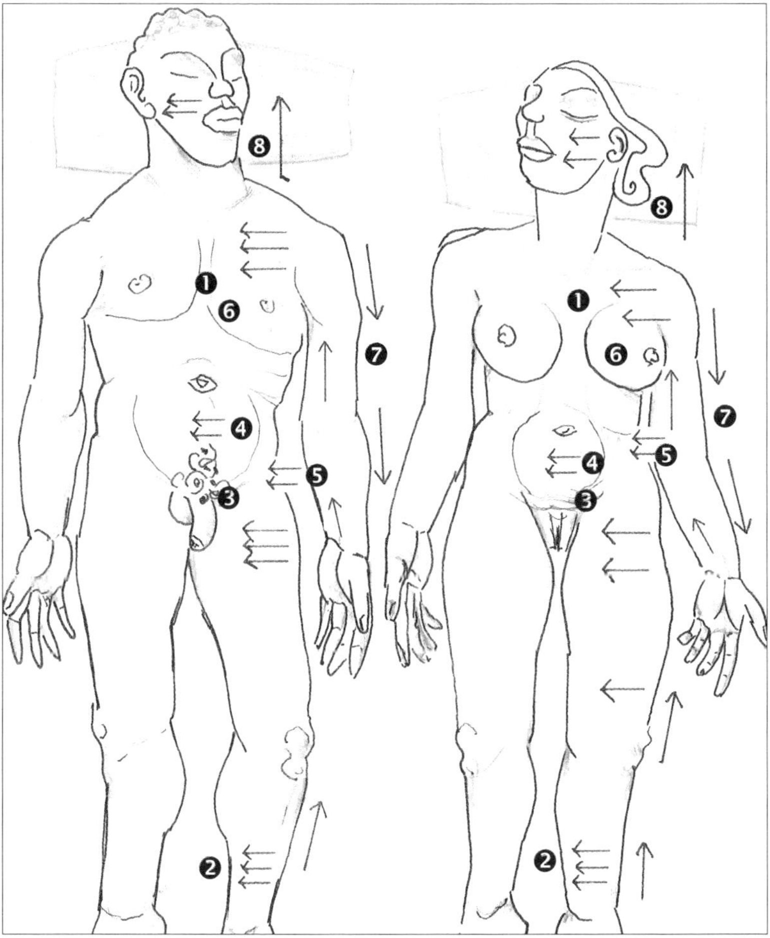

Abbildung 5: Eine Paarübung nach der Liebe. Nehmen Sie wahr, wie sich Ihre verschiedenen Körperteile nach Kunyaza anfühlen

1. Empfindungen im Bereich von Herz und Lunge

Lenken Sie Ihre Aufmerksamkeit auf Ihr Herz und beobachten Sie, wie sich dieser Bereich anfühlt. Was nehmen Sie wahr? Normalerweise schlägt Ihr Herz jetzt schneller und kräftiger. Lauschen Sie einen Moment lang dem Schlagen Ihres Herzens. Lassen Sie Ihre Aufmerksamkeit nun zu Ihrer Lunge wandern. Wahrscheinlich atmen Sie jetzt schneller und tiefer … aber beobachten Sie es selbst: Bleiben Sie eine Weile bei Ihrer Lunge und nehmen Sie Ihre Gefühle und Empfindungen wahr, bevor Sie sich Ihren unteren Gliedmaßen zuwenden.

2. Empfindungen im Bereich der unteren Gliedmaßen

Sie beginnen bei den Zehen. Versuchen Sie wahrzunehmen, wie sie sich anfühlen. Wandern Sie nun mit Ihrer Aufmerksamkeit zu Ihren Fußsohlen, dann zur Innenseite der Füße (Vergessen Sie die Fersen nicht!) und danach zum Fußrücken. Danach wenden Sie sich dem Bereich Ihres Fußgelenks zu und dem Inneren des Gelenks. Nun sind Ihre Knie an der Reihe … und Ihre Unterschenkel – hinten, rechts, vorn, links. Wie fühlen sie sich an? Und Ihre Kniekehlen, das Kniegelenk innen und die Kniescheiben? Wandern Sie empor zu den Oberschenkeln. Seien Sie dabei genau und vergessen Sie keine Seite: hinten, rechts, vorn, links. Zum Abschluss dieses Teils der Übung gehen Sie mit Ihrer Aufmerksamkeit zu Ihrer Hüftregion, das heißt, Sie nehmen wahr, wie sich der Bereich um Ihre Hüftgelenke herum und wie sich Ihre Gelenke innen anfühlen: Was hat sich durch Kunyaza hier verändert?

3. Empfindungen im Bereich der Pobacken und des Beckens

Ihre Reise führt Sie weiter zu Ihren Pobacken und zu Ihrem Becken, dem Sie ganz besonders viel Aufmerksamkeit widmen sollten, denn die Organe, die in diesem Bereich liegen, haben sich beim Orgasmus stark zusammengezogen. Können Sie das wahrnehmen?

Als Frau beginnen Sie jetzt an der Außenseite der linken Pobacke und wandern mit Ihrer Aufmerksamkeit nach innen bis zu der Pospalte zwischen den beiden Gesäßhälften. Danach wandern Sie weiter bis zur Außenseite der rechten Pobacke. Achten Sie nun auf die Empfindungen im Bereich Ihres Afters. Beobachten Sie, ob die Muskeln des Afters beim Orgasmus aktiv waren. Können Sie das wahrnehmen? Ihre Aufmerksamkeit wandert jetzt weiter zum Damm, dem Bereich zwischen After und Scheideneingang. Haben sich die Muskeln hier beim Orgasmus zusammengezogen? Und was ist mit Ihrer Vulva – den großen Schamlippen, den kleinen Schamlippen, dem Scheidenvorhof und insbesondere dem Bereich um die äußere Harnröhrenmündung herum sowie mit den verschiedenen Teilen der Klitoris? (Zu den Einzelheiten siehe Abbildungen zu „Die Geschlechtsorgane der Frau" im Anhang, Seite 150 ff.). Fragen Sie sich, ob diese Organe während des Orgasmus angeschwollen sind, ob sie nun entspannt sind. Und wie haben sich Kunyaza und der Orgasmus auf das Befinden Ihres Vaginaleingangs ausgewirkt? Führen Sie einen Finger in Ihre Vagina ein und schieben Sie ihn langsam durch den Vaginalkanal nach oben bis zum Gebärmutterhals … Versuchen Sie seine Beschaffenheit zu spüren, insbesondere die Auswirkungen Ihrer Ejakulation und Ihres Orgasmus. Diese Reise ins Innere Ihres Körpers endet damit, dass Sie sich Ihrem Gebärmutterhals zuwenden. Vielleicht nehmen Sie wahr, dass sich hier durch Kunyaza etwas verändert hat.

Als Mann gehen Sie auf dieselbe Reise durch Ihren Körper. Wenn Sie bei Ihren Geschlechtsorganen angekommen sind, schenken Sie zuerst Ihrem Hodensack und dann Ihren Hoden Aufmerksamkeit. Was nehmen Sie hier wahr? Wenden Sie Ihre Aufmerksamkeit danach dem Ansatz Ihres Penis am Schambein zu. Von hier aus wandern Sie den Penisschaft langsam nach oben in Richtung Eichel … Was spüren Sie dabei äußerlich und innerlich? Welche Empfindungen haben Sie im Bereich von Eichel und Vorhaut? Zu Abschluss wandern Sie zum Becken und versuchen Sie von der äußeren Harnröhrenöffnung bis zur Prostata emporzuwandern. (Einzelheiten zur männlichen Anatomie finden Sie im Anhang unter „Die Geschlechtsorgane des Mannes", Seite 153 f.). Wenn Sie mit Ihrer Aufmerksamkeit in der Prostata angelangt sind, versuchen Sie zu erspüren, was sich hier durch Kunyaza verändert hat.

4. Empfindungen im Bereich des Bauchs

Nach dem Becken wenden Sie Ihre Aufmerksamkeit Ihrer Bauchdecke und Ihrem Bauchraum zu. Was nehmen Sie im Bereich der Bauchdecke, insbesondere im Bereich des Bauchnabels wahr? Begeben Sie sich von dort weiter ins Innere des unteren und des oberen Bauchraums. In diesem Teil des Körpers befinden sich vor allem Magen und Darm. Prüfen Sie, ob diese Organe am Orgasmus beteiligt waren. Danach setzen Sie Ihre Reise fort in Richtung Rücken.

5. Empfindungen im Bereich des Rückens

Spüren Sie die Wirbelsäule im Bereich des unteren Rückens und steigen Sie von hier aus im Geiste langsam die Wirbelsäule empor – vom Po bis zum Nacken. Danach wandern Sie wieder nach unten bis zum Steißbein. Halten Sie jeweils an der untersten und an der obersten Stelle des Rückens inne. Von dort aus kehren Sie mit Ihrer Aufmerksamkeit zurück zu Herz und Lunge.

6. Empfindungen im Bereich von Herz, Lunge und Brustkorb

Kehren Sie zu Herz und Lunge zurück und beobachten Sie dabei, ob Herzschlag und Atembewegungen sich inzwischen wieder beruhigt haben. Konzentrieren Sie sich danach auf das Innere des Brustkorbs, und zwar auf den Bereich, der zum Rücken hin liegt. Nun wenden Sie Ihre Aufmerksamkeit Ihren Brustmuskeln und Ihren Schulterblättern zu.

7. Empfindungen im Bereich der oberen Gliedmaßen

Jetzt wandern Sie vom Schultergelenk über den Oberarm, den Ellbogen, den Unterarm, die Handfläche bis in die Finger und wieder nach oben bis zu den Schultern. Nun kommt die letzte Etappe Ihrer Reise, bei der Sie sich im Geiste in Hals, Nacken und Kopf hineinfühlen.

8. Empfindungen im Hals-Nacken-Bereich und im Bereich des Kopfes

Beobachten Sie Ihren Hals: Gibt es Spannungen im Nacken? Fühlt sich dieser Bereich jetzt anders an als vor dem Sex? Danach wenden Sie die

Aufmerksamkeit Ihrem Gesicht zu: Ihren Lippen und Ihrer Zunge, die beim Liebesspiel sehr aktiv waren. Beobachten Sie, wie der Atem durch Ihre Nase ein- und ausströmt. Wie fühlen sich Ihre Stirn, Ihre Wangen und Schläfen an? Gibt es eine Veränderung im Inneren Ihres Kopfes, vielleicht in Ihrem Gehirn?

9. Stimmung und Allgemeinzustand

Nachdem Sie nun durch Ihren ganzen Körper gewandert sind, wenden Sie sich Ihrem Allgemeinzustand zu: Wie ist Ihre Stimmung, fühlen Sie sich innerlich angespannt oder sind Sie zufrieden und entspannt und erfüllt von Freude?

Diese Übung macht es Ihnen leicht, die Auswirkungen von Kunyaza intensiv und detailliert wahrzunehmen. Sie werden sich außerdem bewusst, was Sie sich gegenseitig schenken – und das wird Ihre Liebesbeziehung stärken. Und Sie lernen Ihren eigenen Körper und seine Reaktionen auf sexuelle Stimulierungen besser kennen. Nach dem Liebesakt ist man gewöhnlich sehr entspannt und so kann es vorkommen, dass einer von Ihnen beiden vor dem Ende der Übung eingeschlafen ist. Nehmen Sie es leicht, es wird noch viele andere Möglichkeiten geben, sie bis zum Ende durchzuführen … Mit der Zeit werden Sie diese Übung auch immer schneller ausführen können. Ich möchte Ihnen diese Praxis sehr ans Herz legen, die Ergebnisse werden Sie überraschen!

Ist es wichtig, sich die Schamhaare zu rasieren, meine Damen?

In den Sechzigerjahren warnte man uns junge Männer in Ruanda vor „bösen Frauen", die ihre Schamhaare so flochten, dass der Vaginaleingang dadurch „verschlossen" wurde. Hatte es ein Mann eilig, konnte er sich ernsthaft wehtun bei dem Versuch, in ihre Vagina einzudringen. Wir haben diese Geschichte geglaubt! Und so gab es mit Sicherheit einige junge Menschen, die aus ebendiesem Grund Angst vor Liebesabenteuern mit nicht rasierten Frauen hatten. Heute glaube ich, dass diese

Geschichte vor allem leichtgläubige junge Leute erschrecken sollte. Ich habe nie jemanden kennengelernt, dem das wirklich passiert ist. Allerdings muss man, wenn man Kunyaza einsetzt, auf die Intensität der Bewegungen achten, weil man sich tatsächlich wehtun kann, wenn man nicht aufpasst. Das gilt insbesondere für Männer, die beschnitten sind. Um dem vorzubeugen, kann sich die Frau regelmäßig die Schamhaare rasieren, was zusätzlich den Vorteil hat, dass sie ihrem Partner einen wundervoll erotischen Anblick bietet. Egal, wie Sie sich entscheiden, das Beste ist immer, mit Ihrem Partner offen darüber zu sprechen.

Die Stellungen des Kunyaza

Nachdem Sie jetzt die Technik des Kunyaza kennengelernt haben, werde ich Ihnen jetzt die verschiedenen Stellungen vorstellen, in denen diese Liebestechnik praktiziert wird. Es gibt traditionelle Stellungen und moderne Stellungen. Letztere sind im Allgemeinen einfacher und können auch von Paaren praktiziert werden, die nicht sehr beweglich sind – hier meine ich auch Menschen, die etwa einen ausgeprägten Bauch haben. Bei den traditionellen Stellungen muss man lange Zeit auf dem Boden sitzen, was ihre Ausführung schwieriger macht.

Die traditionellen Stellungen

Stellungen im Sitzen *(kwicaza)*

Die Stellungen im Sitzen sind in allen Ländern, in denen Kunyaza praktiziert wird, äußerst beliebt. Sie werden hier etwa genauso häufig angewendet wie beispielsweise die Missionarsstellung in den westlichen Ländern. Als mein Freund mich damals über Kunyaza aufklärte, empfahl er mir vor allem diese Stellungen. Es gibt dabei verschiedene Arten zu sitzen: Sie können auf einem traditionellen Hocker sitzen; auf einer Strohmatte, auf einem Ziegen- oder einem Kuhfell auf der Erde; auf dem Rand des traditionellen Bettes oder auf dem Bett selbst.

Stellungen im Sitzen auf einem traditionellen Hocker

Erste Variante: Die Partner sitzen einander gegenüber, jeder auf einem Hocker. Die Frau öffnet ihre Schenkel, legt sie über die des Mannes und setzt ihre Füße entweder hinter dem Mann auf seinem Hocker auf oder sie lässt ihre Beine einfach rechts und links hinunterhängen.

Zweite Variante: Diese Variante nennt man in Ruanda und Burundi auch *gukikira*. Der Mann setzt sich auf den Hocker und die Frau setzt sich mit geöffneten Schenkeln rittlings auf seine Schenkel und lässt die Beine links und rechts herunterhängen.

Abbildung 6: Stellung im Sitzen auf einem Hocker (erste Variante)

In den Ländern, in denen Kunyaza praktiziert wird, benutzt man für diese Stellungen traditionelle Hocker, die ähnlich aussehen wie die auf den Abbildungen. Heutzutage werden diese Stellungen im Sitzen eher auf Stühlen, Bänken und Sesseln praktiziert, die die traditionellen Hocker ersetzt haben.

Stellungen im Sitzen auf dem Boden oder auf dem traditionellen Bett

Erste Variante: Die Partner sitzen einander gegenüber auf einer Strohmatte, auf einem Kuh- oder Ziegenfell oder auf dem traditionellen Bett. Der Mann winkelt sein rechtes Bein an und die Frau setzt sich auf dieses Bein. Sie sitzt mit geöffneten Schenkeln da, schlingt ihre Beine um ihn herum und umfasst seinen Oberkörper mit ihren Armen. Dies ist die klassische Kunyaza-Stellung.

Zweite Variante: Die Partner sitzen einander gegenüber auf einer Strohmatte oder auf einem Kuh- oder Ziegenfell. Beide öffnen die Schenkel und rücken einander näher, bis ihre Schambereiche sich berühren. Dann legt die Frau ihre Beine über die Schenkel des Mannes und schlingt sie um seinen Körper. Der Mann umschlingt mit seinen Beinen ebenfalls seine Partnerin und führt hinter ihr seine Fußsohlen zusammen.

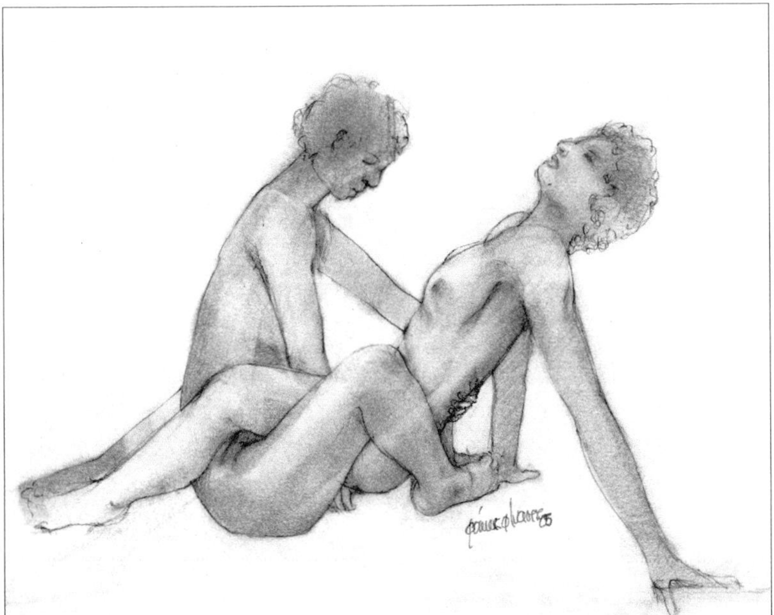

Abbildung 7: Stellung im Sitzen auf dem Boden (zweite Variante)

Stellungen im Sitzen auf dem Rand des traditionellen Betts

Erste Variante: Die traditionellen Betten sind höher als moderne Betten (bis zu einem Meter hoch). Die Frau setzt sich mit geöffneten Schenkeln auf den Rand des Bettes und lässt ihre Beine baumeln. Der Mann steht vor ihr zwischen ihren gespreizten Schenkeln. Das ist eine sehr bequeme Stellung, die heute in den Regionen benutzt wird, in denen es noch traditionelle Betten gibt.

Zweite Variante: Die Partner sitzen auf den Rand des Betts einander gegenüber und lassen dabei jeweils ein Bein über den Bettrand nach unten hängen, das andere Bein liegt angewinkelt auf dem Bett. Das ist eine recht unbequeme Stellung, die vor allem von jungen Paaren angewendet wird.

Diese Sitzstellungen sind heutzutage nicht mehr so beliebt, da die meisten Menschen an das Sitzen auf Stühlen, Bänken oder in Sesseln gewöhnt sind und nicht mehr lange auf dem Boden oder auf dem Bett sitzen wollen und es, im Gegensatz zu unseren Vorfahren, auch nicht mehr können.

Stellung, bei der man ausgestreckt einander zugewandt liegt *(kwerekerana)*

Mann und Frau liegen so auf der Seite auf dem traditionellen Bett oder auf einer Strohmatte auf dem Boden, dass sie einander ansehen. Die Frau winkelt das oben liegende Bein an, hebt das Knie und setzt ihren Fuß auf den oben liegenden Oberschenkel ihres Partners. Mit dem freien Arm umschlingt sie den Oberkörper des Mannes. Der Mann schiebt sich zwischen die Schenkel der Frau. Diese Stellung ist nicht sehr bequem und wird gern morgens angewendet, wenn die Paare noch nicht aufstehen wollen, um Sex im Sitzen oder im Stehen zu machen. Kunyaza in dieser Stellung dient mehr oder weniger dazu, sich gegenseitig aufzuwecken.

Abbildung 8: Stellung, bei der man ausgestreckt einander zugewandt liegt

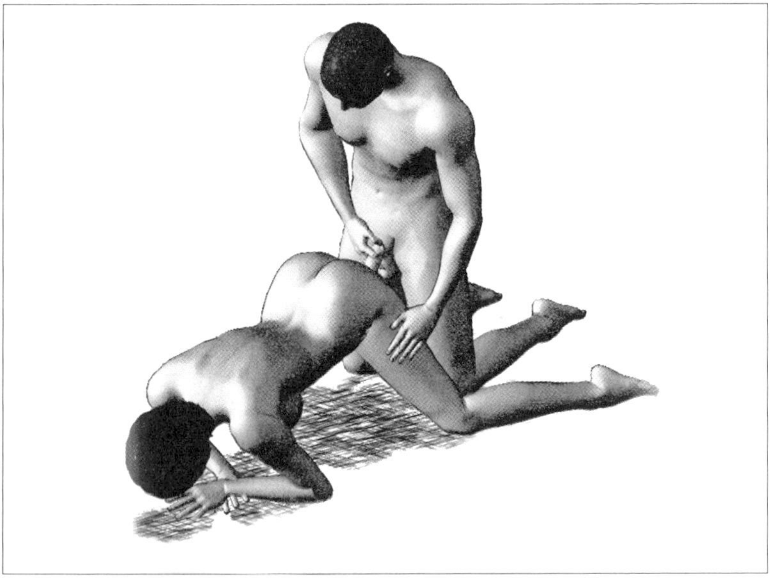

Abbildung 9: Die Kuh-Stellung

Die Kuh-Stellung *(buka)*

Die Frau kniet auf dem Bett oder dem Boden und stützt sich dann mit ihren Ellenbogen auf. Ihre Beine sind gespreizt. Der Mann kniet hinter ihr zwischen ihren Beinen. Obwohl diese Stellung der Frau großen Genuss bereitet, wird sie in den Ländern, in denen Kunyaza praktiziert wird, nicht häufig angewendet, da die Stellungen, die an die Paarung von Tieren erinnern, dort nicht sehr beliebt sind. Sie wird vor allem von Menschen praktiziert, die eine westliche Erziehung genossen haben.

Stellungen im Stehen *(guhagarika)*

Erste Variante: Die beiden Partner stehen einander gegenüber. Die Frau stellt einen Fuß angewinkelt auf einen Stuhl oder einen Hocker und öffnet die Schenkel. Der Mann steht zwischen ihren Schenkeln.

Zweite Variante: Mann und Frau stehen einander gegenüber. Der Mann hebt die Frau hoch, bis sich ihre Schambereiche berühren. Um Halt zu finden, legt die Frau einen Arm um den unteren Rücken des Mannes und den anderen um seine Schulter. Dann spreizt sie ihre Schenkel, damit der Mann in sie eindringen kann, und schlingt ihre Beine um die Oberschenkel des Mannes, wobei ihre Unterschenkel seine berühren.

Dritte Variante: Die beiden Partner stehen einander gegenüber. Der Mann hebt die Frau empor, bis sich ihre Schambereiche berühren. Die Frau spreizt die Beine und schlingt sie um den unteren Rücken des Mannes, wobei ihre Unterschenkel sich hinter seinem Rücken kreuzen und ihre Beine nach oben deuten.

Diese Stellungen im Stehen empfehlen sich, wenn nicht viel Zeit für den Liebesakt ist. In diesem Fall spricht man in Ruanda von *gucishaho*. Das kann vorkommen, wenn die Partner beide so erregt sind, dass sie nicht abwarten können, bis sie idealere Bedingungen vorfinden, um Sex miteinander zu haben. Es kann aber auch vorkommen, wenn man Sex mit seinem oder seiner Geliebten haben will und folglich Angst hat, in flagranti erwischt zu werden …

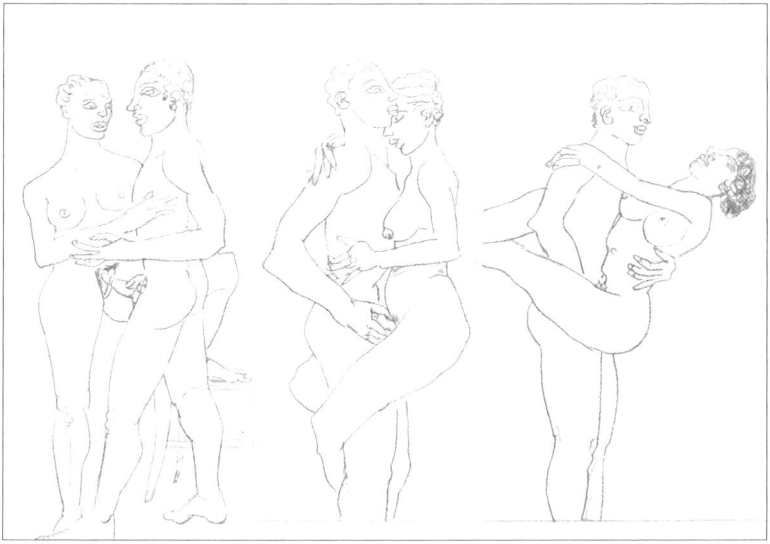

Abbildung 10: Stellungen im Stehen: erste, zweite und dritte Variante (von links nach rechts)

Stellungen während der Schwangerschaft

Es gibt keinen Grund, warum Paare während der Schwangerschaft keinen Sex haben sollten. Nach der Übelkeit, die vor allem in den ersten drei Monaten auftritt, hat die Frau durch die Schwangerschaftshormone oft sehr große Lust. In Ländern, in denen Kunyaza praktiziert wird, wurde beobachtet, dass diese sexuelle Begierde so intensiv sein kann, dass die Frauen fast „herumirren" auf der Suche nach jemandem, der ihre Lust befriedigen kann. Und so haben sich in diesen Ländern besondere Stellungen bewährt, in denen der Mann die sexuellen Bedürfnisse der schwangeren Frau hervorragend befriedigen kann.

Erste Variante: Die Frau liegt rücklings mit gespreizten Beinen und aufgestellten Füßen auf dem Bett. Der Mann setzt sich mit Blick zu ihr zwischen ihre Schenkel.

Zweite Variante: Die Frau liegt rücklings mit gespreizten Beinen und aufgestellten Füßen auf dem Bett oder am Rand des Bettes. Der Mann kniet mit Blick zu ihr zwischen ihren Schenkeln.

Dritte Variante: Die Frau liegt mit geöffneten und herunterhängenden Beinen auf dem Rücken am Rand des traditionellen Bettes. Der Mann steht mit Blick zu ihr zwischen ihren Schenkeln.

Moderne Stellungen

Die Frau liegt auf dem Rücken

Erste Variante: Die Frau liegt mit gespreizten Beinen und aufgestellten Füßen auf dem Rücken. Der Mann setzt sich auf seine Fersen zwischen ihre Schenkel mit Blick zu ihr.

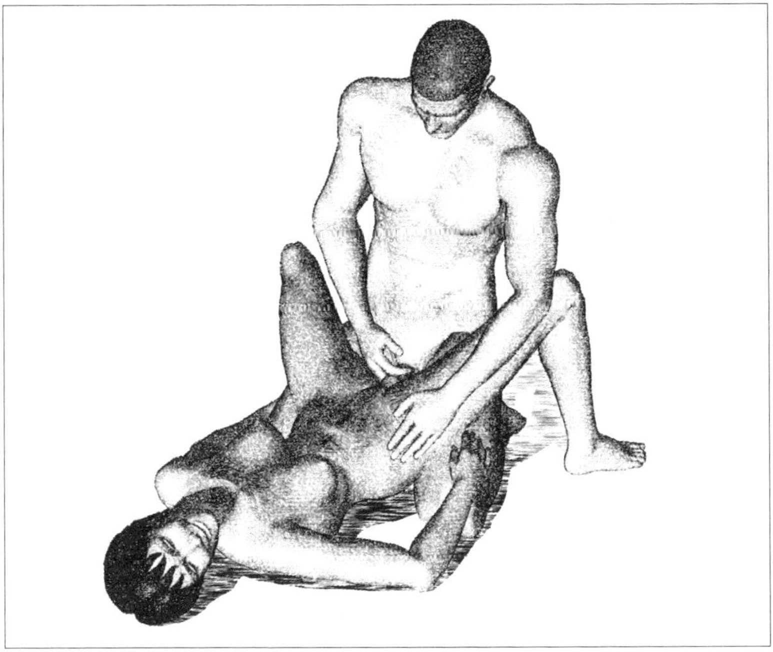

Abbildung 11: Die Frau liegt auf dem Rücken

Zweite Variante: Die Frau liegt mit gespreizten Beinen und auf dem Boden aufgestellten Füßen am Rand des Bettes auf dem Rücken. Der Mann kniet sich zwischen ihre Schenkel. Es kann vorkommen, dass es für den Mann schwierig wird, die Genitalien der Frau zu erreichen. In diesem Fall empfiehlt es sich, dass der Mann sich ein Kopfkissen unter die Knie schiebt.

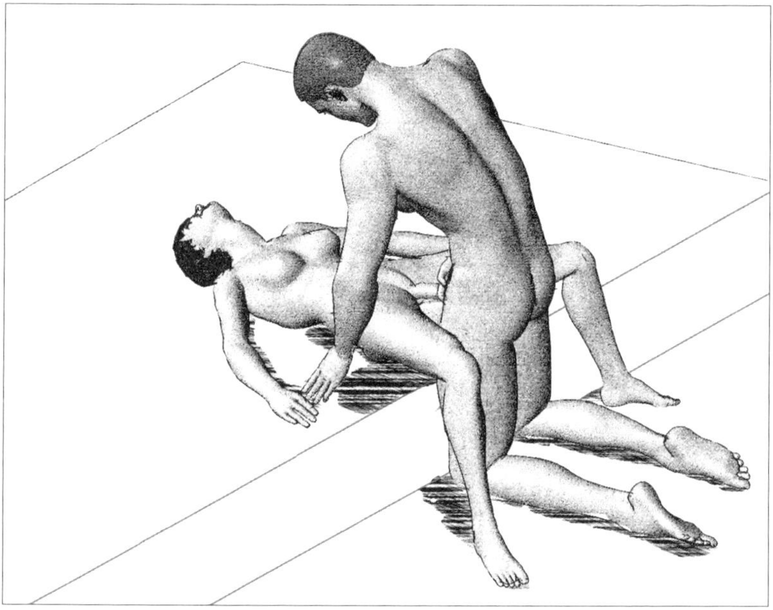

Abbildung 12: Die Frau liegt auf dem Rücken am Rand des Bettes

Die Frau sitzt auf dem Bettrand

Erste Variante: Die Frau sitzt am Rand des Bettes und stützt sich hinter ihrem Rücken mit ausgestreckten Armen auf ihre Hände. Sie spreizt die Schenkel und stellt die Füße auf den Boden oder lässt die Beine herunterhängen (je nachdem, wie hoch das Bett ist). Der Mann kniet vor ihr zwischen ihren geöffneten Schenkeln. Wenn er die Genitalien seiner Partnerin nicht erreichen kann, schiebt er sich wie in der vorherigen Stellung ein Kopfkissen unter die Knie.

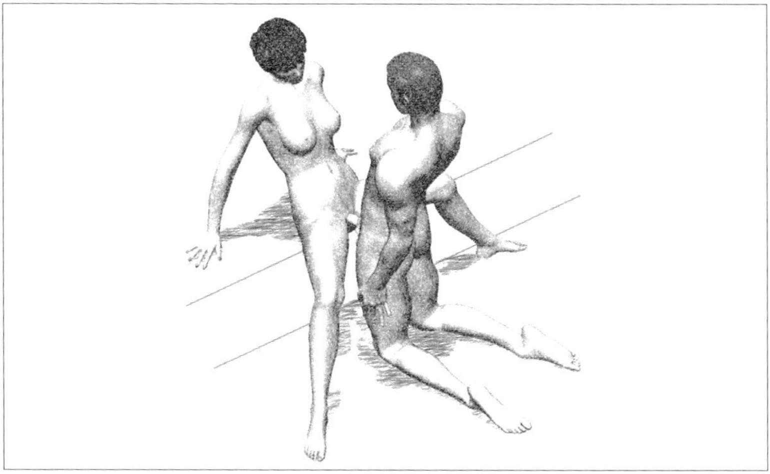

Abbildung 13: Die Frau sitzt auf dem Bettrand

Zweite Variante: Diese Version ist ähnlich wie die erste, mit dem Unterschied, dass die Frau einen Fuß auf den Rand des Bettes stellt und das andere Bein auf die Schulter ihres Partners legt. Für diese Stellung muss die Frau beweglich sein.

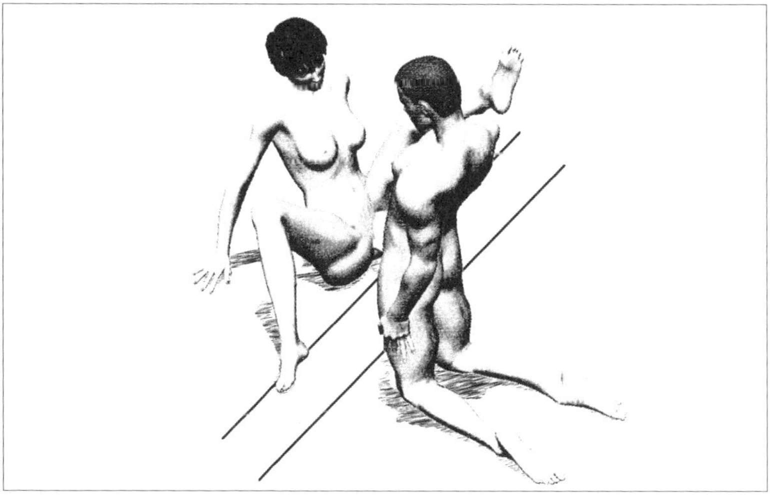

Abbildung 14: Die Frau sitzt auf dem Bettrand (zweite Variante)

Die Frau kniet auf dem Bett oder auf einem Teppich

Diese Stellung entspricht der oben beschriebenen Kuh-Stellung (*buka;* siehe Seite 72 f.).

Abschließende Empfehlungen

Natürlich gibt es zahllose Stellungen, in denen Kunyaza praktiziert werden kann. Ich habe Ihnen hier nur einen Teil vorgestellt. Diese Stellungen sollten für den Anfang ausreichen und als Grundlage für Ihre eigenen Lieblingsstellungen dienen. Jetzt haben Sie die Technik des Kunyaza kennengelernt und wissen, wie die Vulva und der Damm mit dem Penis durch abwechselndes „Klopfen" und Eindringen in die Vagina stimuliert wird. Nun können Sie – je nach Ihren sexuellen Vorlieben und körperlichen Voraussetzungen – eigene Stellungen ausprobieren. Männer, die gern beobachten, wie sich die Geschlechtsorgane der Frau beim Sexualverkehr verändern (Erektion der Klitoris, Anschwellen der kleinen Schamlippen und der gesamten Genitalregion, weibliche Ejakulation), bevorzugen Stellungen, bei denen sie den Genitalbereich ihrer Partnerin gut sehen können.

V.

Die beste Methode für die körperliche Liebe

In seiner Definition von *Kunyaza* geht Dr. Eulogius mit keinem Wort darauf ein, dass diese Methode sich ausgezeichnet dazu eignet, die Frau zum Höhepunkt zu bringen. Das ist der Hauptgrund, warum Männer diese Technik überhaupt anwenden. Die Frauen aus den Regionen, in denen diese Methode gang und gäbe ist, können das bestätigen. Wir haben diese Tatsache schon weiter oben von der Sexualerzieherin Katana (siehe Seite 46) gehört, die berichtet, dass die ugandischen Frauen durch das Praktizieren der Kachabali-Methode multiple Orgasmen bekommen können. Gaspard Musabyimana berichtet ebenfalls, dass ruandische Frauen mehrmals nacheinander zum Orgasmus gelangen können. Und schließlich ist das auch nachzulesen in dem Artikel „New Sex Technique" von Kangwa Sampa, der in der Tageszeitung *Namibian Newspaper* erschienen ist (siehe „Literaturverzeichnis", Seite 163 f.). Es handelt sich hierbei um einen Bericht der Journalistin über sexuelle Erfahrungen der Menschen in Namibia mit *kachabali* (ein anderes Wort für „Kunyaza").

Die durch Kunyaza ausgelösten Orgasmen steigern sich häufig und erreichen dann einen Höhepunkt. Das Ergebnis ist – und dabei stütze ich mich auf meine eigenen Erfahrungen und auf die zahlreichen Aussagen von Menschen, die Erfahrungen mit Kunyaza haben –, dass sowohl Frauen als auch Männer danach zwar erschöpft sind, aber ein tiefes Glücksgefühl erfahren. Im Vorwort hatte ich bereits erwähnt, dass manche Frauen hier vorzeitig zum Höhepunkt kommen – wie man es sonst nur bei Männern beobachtet, die unter frühzeitigem Samenerguss leiden –, weil sie sehr auf diese sexuellen Stimulationen reagieren. In diesem Fall empfehle ich den Männern, ihr Bestes zu tun, um ohne weitere Verzögerung selbst zum Orgasmus zu kommen: Manche Frauen ertragen es nicht, sofort nach einem durch Kunyaza ausgelösten Höhepunkt wieder berührt zu werden, und brauchen einige Minuten Zeit, bis sie sich erneut hingeben können.

Gerade wenn es darum geht, Frauen zum Orgasmus zu bringen, ist Kunyaza anderen Praktiken, die zu diesem Zweck angewendet werden, bei Weitem überlegen. In Kangwa Sampas Artikel in der *Namibian Newspaper* wurde ebenfalls unterstrichen, dass der außergewöhnliche

Genuss, der durch Kachabali erzielt werde, wohl dafür verantwortlich sei, dass sich die Anwendung dieser Technik so schnell ausbreite. Kunyaza wirkt hier so offensichtlich Wunder, dass es für mich ein Rätsel ist, weshalb diese Technik nicht inzwischen auch bei anderen Völkern verbreitet ist.

Es gibt allerdings noch weitere Argumente als die bislang genannten, die für die Anwendung von Kunyaza sprechen. Lassen Sie mich im Folgenden beleuchten, welche das sind. Zu diesem Zweck werde ich die Wirkung von Kunyaza auf die großen und auf die kleinen weiblichen Geschlechtsorgane, die am Orgasmus der Frau beteiligt sind, mit der anderer Praktiken vergleichen.

Das große Mysterium „Klitoris"

Die Klitoris ist das Lustorgan der Frau. Sie stellt das Herzstück der weiblichen Erotik dar. Im Gegensatz zum männlichen Glied, das mehrere Rollen erfüllt, das heißt auch zum Harnlassen und zum Transport der Spermien dient, besteht die Funktion der Klitoris ausschließlich darin, der Frau Lust zu bereiten. Die meisten Menschen kennen nur die Teile der Klitoris, die wir sehen können; das sind Klitorisvorhaut, Klitoriseichel und Klitoriskörper.

Doch dieses Organ ist in Wirklichkeit viel komplexer. Es setzt sich aus fünf Teilen zusammen: Klitorisvorhaut, Klitoriseichel, Klitoriskörper und zwei paarigen Säulen, die aus dem Vorhofschwellkörper und dem Klitorisschenkel bestehen. Die Klitoriseichel ist mit der Eichel des Penis vergleichbar, allerdings ist sie weitaus empfindlicher für Berührungen, da sie mindestens doppelt so viele Nervenendigungen enthält wie die Eichel des männlichen Gliedes. Sie besteht aus Gewebe, das sich mit zunehmender sexueller Erregung mit Blut füllt, dabei hart wird und anschwillt. Der Klitoriskörper stellt die Verlängerung der Klitoriseichel dar und endet am Schambein, wo er auch befestigt ist. Während der Erektion der Klitoris füllt auch er sich mit Blut und richtet sich auf, wenn er hart genug ist. An der Stelle, wo der Klitoriskörper auf das Schambein trifft, teilt er sich in die zwei jeweils aus dem Vorhofschwellkörper und dem Klitorisschenkel bestehenden Säulen, die am Schambein entlang nach unten verlaufen und praktisch die Form eines umgedrehten „V“ haben. Sie rahmen Vagina und äußere Harnröhrenmündung von beiden Seiten ein. Diese Säulen schwellen ebenfalls an, wenn die Frau sexuell erregt ist.

Während bei der Stimulation der Klitoris mit der Zunge, dem Mund oder den Fingern nur die Eichel und der Klitoriskörper erreicht werden, werden bei Kunyaza auch die Klitorisschenkel und die Vorhofschwellkörper stimuliert – die Teile der Klitoris, die nicht sichtbar sind. Sie werden erregt, wenn der Mann mit seinem Penis auf die Bereiche zu beiden Seiten der Scheidenöffnung und auf den Bereich zwischen kleinen und großen Schamlippen klopft. Ihr oberer Teil wird angeregt, wenn der Mann mit seinem Glied den Bereich um den Vorhof herum stimuliert.

Die Klitoris, aber eben nicht nur sie …

Die Studien des US-amerikanischen Sexualforschers Alfred Charles Kinsey[17] sowie die des deutschen Arztes Ernst Gräfenberg zeigen, dass die Frau neben der Klitoris auch andere Zonen besitzt, die, wenn man sie richtig zu stimulieren weiß, ebenfalls dazu beitragen können, sie zum Orgasmus zu führen. Es handelt sich hierbei um die kleinen Schamlippen, den Scheidenvorhof, den Bereich um die äußere Harnröhrenmündung, die Harnröhre, den Scheideneingang, die Scheidenwände, die „weibliche Prostata“ und den Damm.

Die kleinen Schamlippen und der Scheidenvorhof

Die kleinen Schamlippen sind vergleichbar mit einem Teil der Haut, der beim Mann den Körper des Penis umgibt. In ihrer Haut liegen innen wie außen allerdings weit mehr Nervenenden als in der Haut aller anderen Körperteile. Die kleinen Schamlippen sind äußerst berührungsempfindlich. Das wurde in einer gynäkologischen Untersuchung, die von den Mitarbeitern Kinseys durchgeführt wurde, bestätigt.

98 Prozent der untersuchten Frauen konnten diese hohe Empfindlichkeit bei sich selbst beobachten. Den kleinen Schamlippen scheint als erogene Zone eine ähnliche Bedeutung zuzukommen wie der Klitoris. Die kleinen Schamlippen schwellen bei sexueller Stimulierung ebenfalls an. Die inneren Oberflächen der kleinen Schamlippen gehen in den Scheidenvorhof über und so reagiert auch er entsprechend empfindlich auf Berührungsreize.

Der Bereich um die äußere Harnröhrenöffnung

Im Zentrum des Scheidenvorhofs liegt die äußere Harnröhrenöffnung; sie wird in einigen Sex-Büchern als „U-Punkt" bezeichnet (wahrscheinlich von *urethra,* der lateinischen Bezeichnung für die Harnröhre). Bei einigen Frauen liegen in diesem Bereich viele Nervenendigungen und so ist er bei diesen Frauen ebenfalls äußerst berührungsempfindlich.

Die Harnröhre

Im Jahr 1950 veröffentlichte Ernst Gräfenberg im *International Journal of Sexology* einen Artikel mit dem Titel „The role of urethra in female orgasm" [Die Bedeutung der Harnröhre beim weiblichen Orgasmus]. Er stellt die Grundlage für die Theorie dar, dass es einen G-Punkt gibt. (Nähere Erläuterungen zum Thema „G Punkt" finden Sie im Folgenden unter der Überschrift „Scheideneingang, Scheidenwände und ‚weibliche Prostata'") In diesem Artikel machte der Gynäkologe zum ersten Mal auf die Bedeutung der Harnröhre für den Orgasmus der Frau aufmerksam. Er beobachtete, dass die Harnröhre, besonders der Teil, der sich in der Nähe des Harnblasenhalses (aus dem sie entspringt) befindet, bei sexueller Stimulierung anschwillt und ihre maximale Größe zum Zeitpunkt des Orgasmus erreicht.

Das ist der Grund, warum manche Frauen beim Masturbieren Gegenstände in die Harnröhre einführen. Dass hierbei schlimme Unfälle passieren können, ist nicht der einzige Grund, warum ich von Harnröhrenmasturbation abrate: Diese Form der Selbstbefriedigung kann auch leicht zu Harnröhrenentzündungen führen, denn die Harnröhre ist ein empfindliches Organ.

Scheideneingang, Scheidenwände und „weibliche Prostata“

Im Scheideneingang liegen viele Nervenendigungen und so kann seine Stimulierung dazu beitragen, dass die Frau einen Orgasmus bekommt. Wie viele erogene Zonen nun im restlichen Teil der Vagina zu finden sind, das wird kontrovers diskutiert.

Für die Arbeitsgruppe um Alfred Charles Kinsey sind die Scheidenwände unempfindlich, weil hier keine sensiblen Nervenendigungen liegen. Es soll hier ihrer Meinung nach keine erogenen Zonen geben. Dagegen berichtet Ernst Gräfenberg in dem Artikel „The role of urethra in female orgasm“, dass nach seinen Beobachtungen in der Vorderwand der Vagina – also im vorderen Teil der Vagina zur Bauchdecke hin gelegen – eine abgrenzbare erogene Zone liege, die man mit dem Finger leicht stimulieren könne. Er schreibt von einer „erogenen Zone in der vorderen Vaginalwand, entlang der Harnröhre, die bei sexueller Stimulation anschwillt“. Zum Zeitpunkt des Orgasmus schwillt diese Zone also an und wird zu einer kleinen Erhebung, die im Scheidenkanal mit dem Finger deutlich spürbar ist. Die späteren Anhänger dieser Theorie nannten diesen Bereich der Vagina zu Ehren von Ernst Gräfenberg „G-Punkt“.

Im Laufe weiterer Forschungen war es jedoch nicht möglich, den G-Punkt in der Scheidenwand zu lokalisieren. Aber Ernst Gräfenberg beobachtete allerdings, dass Frauen, die auf eine Stimulierung dieses Bereichs positiv reagierten, zum Zeitpunkt des Orgasmus eine Flüssigkeit aus der Harnröhre ausstießen. Dieser Umstand legte die Vermutung nahe, dass der G-Punkt der weiblichen Prostata entspricht, und führte dazu, dass das Phänomen des Flüssigkeitsausstoßes zum Zeitpunkt des Orgasmus oder kurz davor als „weibliche Ejakulation“ bezeichnet wurde.

Die Forscher Heli Alzate und Zwi Hoch glauben allerdings nicht an die Existenz des G-Punktes und bezweifeln auch, dass der „G-Punkt" mit der sogenannten „weiblichen Prostata" in Beziehung steht. Sie sind der Meinung, dass es in der Vagina mehrere erogene Zonen gibt, die hauptsächlich in der Vorderwand, also zum Bauch hin liegen. In Sex-Ratgebern liest man immer wieder von einem A-Punkt, einem C- und einem P-Punkt. Tatsächlich jedoch konnte keiner dieser Punkte bislang eindeutig nachgewiesen werden.

Was bedeutet der momentane Stand der Forschung in puncto „erogene Zonen der Vagina" nun für unser Liebesleben? – Viele Gynäkologen prangern an, dass über den G-Punkt viel geredet und geschrieben wird, obwohl seine Existenz noch nicht endgültig bewiesen ist. Sie beobachten, dass Frauen dadurch unnötigerweise verunsichert werden oder sich sogar minderwertig fühlen, weil sie diesen Punkt bei sich noch nicht gefunden haben.

Meine Damen, ich möchte Ihnen an dieser Stelle Folgendes empfehlen: Vergessen Sie all diese Punkte und entdecken Sie die erogenen Zonen in Ihren Scheidenwänden selbst mit Ihrem Partner, indem Sie Ihre Scheide langsam mit seinem Glied „abtasten", wie ich es bei der Beschreibung der Kunyaza-Technik (Kapitel IV, „Das Geheimnis des Kunyaza", dort unter „Und nun zum Liebesakt ...", Seite 56 ff.) erläutert habe. Das hat zwei Vorteile: Das spielerische Erkunden macht Spaß und es ist völlig stressfrei, weil es nichts gibt, das man finden müsste. Und wenn Sie keine Punkte entdecken sollten, ist das auch nicht weiter schlimm: Es gibt andere Zonen, die man ebenso wundervoll stimulieren kann.

Der Damm

Der Damm liegt zwischen Anus und unterer Begrenzung der Vulva; er ist äußerst berührungsempfindlich. Seine Stimulierung kann zu einer intensiven sexuellen Erregung führen.

Sexuelle Stimulierung nichtklitoraler erogener Zonen

Wenn Sie Kunyaza praktizieren, stimulieren Sie die kleinen Schamlippen, den Scheidenvorhof, den Bereich um die äußere Harnröhrenöffnung, die „weibliche Prostata" (möglicher G-Punkt), den vorderen Teil der Harnröhre, den Scheideneingang und den Damm direkt und fast gleichzeitig, indem Sie mit schnellen waagerechten und senkrechten Bewegungen des Penis im Bereich der Vulva und des Damms klopfen. Die erogenen Zonen der Scheidenwände werden durch Bewegungen nach oben und unten, in schräger Richtung und im Kreis in der Vagina erreicht.

Nach Umfragen der Arbeitsgruppe von Alfred Charles Kinsey werden bei der Masturbation der Frau hauptsächlich die Klitoris (sichtbare Teile) und die kleinen Schamlippen erregt. Der Scheidenvorhof, die äußere Harnröhrenmündung und deren direkte Umgebung, die „weibliche Prostata" (möglicher G-Punkt), der vordere Teil der Harnröhre und der Scheideneingang können ebenfalls mit einbezogen sein. Allerdings kann die Stimulierung all diese Organe nicht gleichzeitig und anhaltend erfolgen wie bei der Praxis von Kunyaza. Deshalb betrachte ich die manuelle Stimulation bei den letztgenannten Organen als schwach. Es kommt hinzu, dass raue Hände für ihre Stimulierung gänzlich ungeeignet sind.

Bei der Befriedigung durch den Mund (Cunnilingus) werden ebenfalls hauptsächlich Klitoris (ihre sichtbaren Teile) und kleine Schamlippen stimuliert. Wie bei der Masturbation können andere Zonen, die im selben Bereich liegen, mit ähnlichen Einschränkungen ebenfalls stimuliert werden. Daher betrachte ich auch die stimulierende Wirkung des Cunnilingus bei diesen Zonen als schwach.

Die Zonen, die mit den jeweiligen Techniken stimuliert werden, und deren genaue Bewertung, was ihre Wirkung anbelangt, können Sie detailliert aus der Tabelle rechts ersehen. (Weitere Einzelheiten finden Sie in den Abbildungen unter „Die Geschlechtsorgane der Frau" im Anhang des Buches, Seite 150 ff.)

Erogene Zonen	Kunyaza	Cunnilingus	Masturbation
Klitoris			
Klitoriseichel	+	+	+
Klitoriskörper	+	+	+
Klitorisschenkel	±	–	–
Vorhofschwellkörper	+	–	–
kleine Schamlippen	+	+	±
Scheidenvorhof	+	±	±
Bereich um die äußere Harnröhrenöffnung	+	±	–
Harnröhre	+	±	–
weibliche Prostata	+	±	–
Scheideneingang	+	±	±
Zone(n) in den Scheidenwänden	+	–	±
Zonen des Damms	+	–	–

Tabelle: Erogene Zonen, die bei den einzelnen Techniken stimuliert werden. (Bedeutung der Zeichen: + = direkte Stimulierung; – = keine Stimulierung; ± = indirekte oder schwache Stimulierung)

Es kommt doch auf die Größe an – oder etwa nicht?

Gibt es Schwierigkeiten bei der vaginalen Penetration, kann das daran liegen, dass die Reibung zwischen dem Penis und den Vaginalwänden nicht optimal ist, weil das Glied entweder zu klein ist oder die Vagina zu groß. In beiden Fällen lässt sich das Problem mit Kunyaza lösen.

Männer, lasst uns endlich aufhören, uns darüber Sorgen zu machen, ob „er" wirklich groß genug ist!

Es ist immer das Gleiche. Wenn Männer in einer öffentlichen Toilette in einer Reihe vor dem Pissoir stehen, werfen sie verstohlene Blicke zur Seite … auf den Penis ihres Nachbarn, um zu sehen, ob seiner größer oder kleiner ist als der eigene. Solche Blicke werden auch hinter den Sonnenbrillen an den FKK-Stränden verborgen. Und in öffentlichen Schwimmbädern und Duschen von Sportstätten spielt sich Ähnliches ab. Viele Männer sind frustriert, wenn der Vergleich zu ihrem Nachteil ausfällt! Und manche beginnen nun sogar, ihren Penis zu verstecken, beispielsweise hinter ihrer Hand, wenn sie eine öffentliche Toilette besuchen müssen. Andere zeigen sich nicht mehr nackt, aus Angst, man könnte sich über sie lustig machen.

Solche Verhaltensweisen sind ein Ergebnis des in der ganzen Welt verbreiteten Klischees, dass es Frauen gefällt, wenn das männliche Glied lang und dick ist. So haben mir einige meiner Freunde in der Studentenzeit empfohlen, mir eine lange, dicke Banane vorn in die Hosentasche zu stecken, bevor ich in die Disco gehe, um die Frauen beim „Stehblues" zu beeindrucken. Entspricht dieses Klischee der Wahrheit? – Lesen Sie einfach einmal in einem Sex-Ratgeber nach oder fragen Sie die Frauen selbst: Die Größe des Penis ist nicht entscheidend, wenn es darum geht, einer Frau Lust zu bereiten. Im Folgenden habe ich für Sie drei Argumente zusammengetragen, die helfen werden, dieses Klischee aus der Welt zu schaffen:

❶ Es lassen sich zwei Penis-Typen unterscheiden – es gibt den „Fleisch-Penis" und den „Blut-Penis". Der „Fleisch-Penis" ist in schlaffem Zustand von Natur aus schon recht lang und dick und schwillt bei Erregung nur wenig an. Der „Blut-Penis" hingegen ist im unerregten Zustand recht kurz und dünn, wächst aber durch den ungeheuren Blutzufluss bei Erregung so sehr an, dass er dieselbe Länge erreicht wie der „Fleisch-Penis", die in erigiertem Zustand bei etwa zwölf bis siebzehn Zentimetern durchschnittlich liegt.

❷ Nur im vorderen Bereich der Vagina – das heißt etwa auf den ersten sieben Zentimetern vom Scheideneingang aus – sind nach Meinung vieler Sex-Experten viele sensible Nervenendigungen zu finden. Nur für einige wenige Frauen ist es lustvoll, wenn ihr Gebärmutterhals stimuliert wird, weil das Glied dort anstößt. Und so ist die Länge eines Penis nur sehr selten entscheidend für das Lustempfinden der Frau.

❸ Wahr ist, dass ein langer und dicker Penis eine erregende Wirkung haben kann. Aber wenn er länger als zwanzig Zentimeter ist, kann er Frauen – im Gegenteil – eher Angst machen, da es häufig eher schmerzhaft für sie ist, wenn der Penis bei der vaginalen Penetration gegen den Muttermund oder den Gebärmutterhals stößt.

Bei diesen Argumenten geht es natürlich um den Sex mit vaginaler Penetration. Welchen Zusammenhang gibt es nun aber zwischen der Praxis von Kunyaza und der Länge und Dicke des Penis?

Als ich vor einigen Jahren eine Fortbildung im Bereich „Informatik" in Berlin machte, traf ich einen Engländer und wir begannen irgendwann, über Sexualität zu sprechen. Bei einer solchen Unterhaltung fragte er mich plötzlich: „Warum haben schwarze Männer eigentlich so lange ‚Dinger'? Bis zu diesem Augenblick hatte ich immer geglaubt, dass das ein Klischee ist, das nichts mit der Wirklichkeit zu tun hat. Doch nun begann ich, wissenschaftliche Berichte über dieses Thema zu lesen, in denen bestätigt wurde, dass Schwarze im Durchschnitt tatsächlich einen größeren Penis haben als Männer mit einer anderen Hautfarbe. Diesen Studien zufolge stehen die Europäer an zweiter Stelle, was die Größe des Gliedes anbelangt, während die Asiaten sich mit einem kleineren zufriedengeben müssen. Aber unabhängig davon, ob diese Aussage wahr ist oder nicht, spielt die Dicke und die Länge des Gliedes aus den oben angeführten Gründen nur eine sekundäre Rolle, was die sexuelle Befriedigung der Frau anbelangt. Außerdem mögen die Frauen in Afrika wie anderswo keine „Riesendinger". Das lässt sich beispielsweise aus den ruandischen Bezeichnungen für diesen Penis ersehen: Ein sehr großes Glied wird beispielsweise *imboroza* (was so viel bedeutet wie: der die Frauen zum Schreien bringt)[18] oder *rwogamabondo* (der bis zur Gebärmutter reicht) genannt. Mehr muss ich hierzu wohl nicht schreiben ... Männer mit einem solchen Riesenpenis haben es schwer, eine Frau zu finden, die bei ihnen bleibt. Am Ende sind sie sogar häufig gezwungen, allein zu leben …

Von den ruandischen Frauen wird ein sehr großer Penis auch deshalb nicht geschätzt, weil er beim Kunyaza schwer zu handhaben ist. Ideal für Kunyaza ist ein Glied mittlerer Größe. Der Mann kann in die Frau eindringen, ohne dass sie sich beschwert, weil sie nichts spürt. Und er kann ihn auch leicht einsetzen, um die äußeren Geschlechtsorgane seiner Liebsten zu stimulieren, ohne in der Bewegungsfähigkeit durch sein übergroßes Glied behindert zu sein. Aus diesem Grund ist in Ruanda der durchschnittlich große Penis, der auch *intiritri* oder *rubinga* genannt wird, bei den Frauen am beliebtesten.

Frauen, die wenig sexuelle Erfahrung haben, mögen einen kleinen Penis unterschätzen, der in Ruanda *nyabuninga* genannt wird und im erigierten Zustand höchstens neun Zentimeter lang wird. Sie ändern ihre Meinung jedoch meist schnell, wenn Männer mit einem solchen Glied Kunyaza gut beherrschen. Werden diese Frauen sowohl innen als auch außen gut stimuliert, so beginnen sie meist bald, die Betttücher nass zu spritzen, und erleben multiple Orgasmen von großer Intensität. Sie haben also Glück, wenn ihr Partner jetzt nicht egoistisch ist und sich beeilt, auch zum Orgasmus zu kommen.

Und was ist, wenn die Vagina zu weit ist?

Der Durchmesser der Scheide variiert im Schnitt zwischen null Zentimetern im Ruhezustand und zehn Zentimetern – etwa bei der Geburt eines Kindes. Doch ganz egal, wie eng oder weit die Vagina ist, sie ist unabhängig davon in der Lage, jede Art von Penis aufzunehmen, da sie sehr elastisch ist, wie man beim Liebesakt leicht feststellen kann. Diese Anpassungsfähigkeit an den Penis soll im Normalfall eine optimale Reibung zwischen den beiden Organen gewährleisten. Doch tatsächlich beklagen sich viele Männer darüber, dass die Vagina ihrer Partnerin zu weit sei. Auf diese Tatsache wird in vielen Büchern zur Sexualberatung eingegangen. So beschreibt die Autorin Katja Hertin in ihrem Buch *Gut im Bett* das Gefühl der Männer bei einer zu großen Vagina folgendermaßen: „Die häufigste Klage der Männerwelt heißt ‚zu weit'. Da hat man das Gefühl, völlig orientierungslos im luftleeren Raum zu vögeln."[19] Und die Autorin Tracey Cox äußert sich dazu in *Hot Sex. Auf den* Höhe-*Punkt gebracht* wie folgt: „Manche Frauen sind einfach so gebaut, andere merken, dass ihre Scheidenmuskeln nach einer (oder mehreren) Geburt(en) schlaff geworden sind. Wie dem auch sei, wenn Sie nicht imstande sind, einen Penis eng zu ‚umfassen', ist der Verkehr für Sie beide weniger lustvoll."[20]

Derart weite Scheiden gibt es wirklich. Wenn Sie Zweifel daran haben, schauen Sie sich einmal ein paar Pornofilme an. Dabei werden Sie früher oder später auf Szenen stoßen, wo der Mann ohne den geringsten Widerstand seine ganze Hand in eine Vagina einführen kann. Ich möchte an dieser Stelle noch darauf hinweisen, dass die Größe der Vagina unabhängig ist von Rasse, Größe, Gewicht, Alter oder Hautfarbe. Warum haben also manche Frauen eine große Vagina? Tracey Cox hat uns schon den Ansatz einer Antwort geliefert. Bei manchen Frauen ist das ganz einfach genetisch bedingt, das heißt, es liegt in der Familie. Bei anderen ist es die Folge einer Geburt, die ein Erschlaffen der Muskeln bewirkt hat. Zu erwähnen ist an dieser Stelle außerdem, dass die Scheide mancher Frauen sich mit Eintritt der Menopause weitet. Die sinkende Hormonproduktion in den Eierstöcken (Progesteron und Östrogene) in den Wechseljahren kann dieselbe Wirkung haben wie eine Geburt. Um einer solchen Erweiterung der Vagina vorzubeugen, sind in den verschiedenen Ländern unterschiedliche Lösungen entwickelt worden. Hier einige Beispiele:

☯ Der „trockene Sex": Diese Methode, bei der die Vagina künstlich ausgetrocknet wird, ist vor allem in einigen afrikanischen Ländern verbreitet. Vor dem Sex geben die Frauen trocknende Substanzen wie Kräuter, Puder, pharmazeutische Produkte oder anderes in die Scheide, die sie trocken, warm und eng hält – das alles, um den Mann besser zu erregen, sein Lustempfinden zu steigern. Leider ist das möglicherweise zwar für den Mann Lust steigernd, aber mit Sicherheit nicht für die Frau. Diese Methode ist sogar sehr schädlich für Frauen, weil sie unter anderem zu Verletzungen im Vaginalbereich führen kann. Kunyaza ist hier eine ausgezeichnete Alternative, da der Kontakt zwischen Penis und Scheidenwänden erfolgt, ohne dass die Vagina ausgetrocknet werden muss. Mit der Ausbreitung von *kachabali* (anderer Name für „Kunyaza") in Namibia ging der „trockene Sex" immer weiter zurück – ein klarer Beweis dafür, dass eine schlechte Sexualpraktik aufgegeben werden kann, wenn es eine Alternative gibt, die für beide Sexualpartner lustvoller ist.

☯ Um eine zu weite Vagina zu vermeiden, ziehen manche Brasilianerinnen einen Kaiserschnitt einer natürlichen Geburt vor. Wie bei einer im Rahmen von *QUIVIVE*[21] in Berlin und Brandenburg ausgestrahlten Sendung berichtet wurde, ist dieses Verhalten vor allem bei Frauen der Oberschicht zu beobachten. In derselben Sendung wurde berichtet, dass es sogar operative Eingriffe zur Verengung der Vagina gibt. Diese Operationen der Schönheitschirurgie sind auch in Südkorea sehr populär.

☯ Eine andere Methode, die von vielen westlichen Sexualforschern empfohlen wird und auch die beste von allen ist, besteht im täglichen Training des Muskels, der die Vagina umgibt, des sogenannten *Musculus pubococcygeus*, auch „PC-Muskel" genannt. Es handelt sich dabei um denselben Muskel, der angespannt wird, wenn Frauen dringend auf die Toilette müssten, um Wasser zu lassen, diesem Bedürfnis aber im Augenblick nicht nachgehen können. Das Training besteht darin, den Muskel mehrmals am Tag anzuspannen und dann wieder loszulassen. Diese Methode wurde im Westen insbesondere von dem amerikanischen Gynäkologen Arnold Kegel verbreitet. Allerdings war sie bereits in alten Zeiten, etwa bei den Indern, bekannt. Hier wird und wurde diese Übung im Hatha Yoga praktiziert. Bei den Chinesen gehörte sie zu den uralten Sexualpraktiken des Taoismus.

Von diesen Übungen, bei denen die Muskeln der Vagina trainiert werden, können auch Frauen mit sehr weiten Scheiden in den Ländern profitieren, in denen Kunyaza praktiziert wird. Was jedoch die sexuelle Befriedigung beider Partner betrifft, ist eine zu weite Vagina kein Hindernis, wenn Kunyaza angewendet wird. Denn dabei ist ein enger Kontakt zwischen Vagina und Penis durch die Bewegungen des Penis nach oben und unten, in schräger Richtung und im Kreis in der Vagina, wie sie bei der Erläuterung der Kunyaza-Technik beschrieben wurden (Kapitel IV, „Das Geheimnis des Kunyaza", dort unter „Und nun zum Liebesakt ...", Seite 56 ff.), gewährleistet.

Kurze Zusammenfassung

Eine Sexualpraktik, die anderen deutlich überlegen ist!

Wir haben also gesehen, dass mit Kunyaza fast alle Geschlechtsorgane der Frau und der Damm stimuliert werden. Die Frauen erleben auf diese Weise Orgasmen verschiedener Art und Intensität – sei es durch Stimulation von Klitoris, von kleinen Schamlippen, des Scheidenvorhofs, des Bereichs um die Harnröhrenöffnung, der „weiblichen Prostata", der Harnröhre und des Damms. Die Orgasmen mit Kunyaza übertreffen von ihrer Qualität her deutlich die Orgasmen, die durch andere Sexualpraktiken erreicht werden. Und das ist so, weil ...

✷ ... *Kunyaza alle Möglichkeiten ausschöpft.* Beim Kunyaza werden alle oben genannten Geschlechtsorgane und der Damm stimuliert. Beim Oralsex und bei der manuellen Stimulation wird jeweils nur ein Teil der Geschlechtsorgane stimuliert, hauptsächlich die Klitoris (ihre sichtbaren Teile) und die kleinen Schamlippen. Alle anderen Bereiche werden, wenn überhaupt, nur schwach oder indirekt stimuliert.

✷ … *Kunyaza eine maximale Intensivierung der Bewegungen ermöglicht.* Bei der gewöhnlichen Penetration können Rhythmus und Intensität der Bewegung variiert werden, dasselbe gilt für die Befriedigung mit den Fingern. Schwieriger wird das beim Oralsex. Hingegen sind der Variation von Rhythmus und Intensität der Bewegungen beim Kunyaza keine Grenzen gesetzt. Man kann ganz sanft und langsam vorgehen. Oder man kann sehr schnell und kraftvoll mit dem Penis stimulieren, je nach der Phase des Liebesakts, in der man sich gerade befindet. Die Flüssigkeit in der Vagina und im ganzen Bereich von Vulva und Damm verhindert, dass sehr kraftvolle und schnelle Bewegungen des Penis schmerzhaft werden.

✷ … *mit Kunyaza alle Formen des weiblichen Orgasmus erzeugt werden können, die es gibt – und das praktisch fast gleichzeitig.* Man muss den Penis dazu nur schnell von der Vagina zu den Geschlechtsorganen in der Vulva gleiten lassen und im Bereich von Vulva und Damm dann von einem Organ zum anderen und wieder zurück in die Vagina. Werden diese Bewegungen schnell nacheinander ausgeführt, können bei der Frau alle verschiedenen Formen von Orgasmus fast gleichzeitig ausgelöst werden. Ihre Wirkungen können sich daher addieren und möglicherweise multiplizieren. Dies ist bei der Kombination aus vaginaler Penetration und Stimulation der Klitoris, wie sie von den westlichen Experten empfohlen wird, nicht möglich. Unterschiedliche Formen des Orgasmus können hier nicht gleichzeitig erzeugt werden. So können sich deren Wirkungen auch nicht addieren.

✷ … *Kunyaza und die Orgasmen, die hierbei erlebt werden können, nicht von der Größe der Geschlechtsorgane abhängig sind.* Bei der Penetration ist das sexuelle Lustempfinden nicht immer optimal, wenn das Glied des Mannes und die Vagina der Frau nicht optimal zusammenpassen. Die Art und Weise, wie die Vagina bei Kunyaza stimuliert wird, stellt eine äußerst effektive Lösung für diese Probleme beider dar. Das heißt ganz konkret, dass Frauen und Männer, die unter ihrer „biologischen Ausstattung" leiden, von jetzt an ruhig schlafen können, denn Kunyaza stellt eine echte Lösung für ihr Problem dar.

✸ *... Kunyaza eine fast ununterbrochene Kombination der äußeren und inneren Stimulierung ermöglicht.* Obwohl die vaginale Penetration, was den Orgasmus anbelangt, nicht optimal geeignet ist, haben viele wissenschaftliche Untersuchungen gezeigt, dass Frauen das Eindringen des Penis mögen, weil es ihnen ein Gefühl der Verbundenheit gibt. Und so beinhaltet eine optimale Liebesmethode beides – sowohl äußere als auch innere Stimulierung. Das ist bei Kunyaza der Fall, nicht aber bei Oralsex.

✸ *... Kunyaza eine wunderbare Lösung für die Männer ist, die glauben, dass ihr Penis nicht gebraucht wird.* Viele Männer beginnen zu glauben, dass ihr Penis nicht mehr gebraucht wird, wenn ihnen bewusst wird, dass sie ihre Frauen allein durch vaginale Penetration nicht befriedigen können und dass sie aus diesem Grund auf Oralsex und manuelle Stimulation zurückgreifen müssen. Kunyaza kann Männern ihr Selbstbewusstsein zurückgeben, da es hier allein ihr „bestes Stück" ist, das ihren Frauen die wundervollste Lust und größte Befriedigung schenken kann.

VI.

Probleme und Lösungen

„Andere Frauen ejakulieren literweise, meine Frau nicht einmal einen Tropfen. Sie würde gern multiple Orgasmen haben, wie Sie es in Ihrem Buch beschreiben, aber es passiert nichts. Was machen wir falsch?“

Ich bekam mehrere Zuschriften von Männern mit diesem oder ähnlichem Wortlaut, in denen sie mir ihre Misserfolge beim Praktizieren von Kunyaza mitteilten. Es gab allerdings auch einige Frauen, die mir so etwas schrieben. Und bei meinen Workshops haben mir ebenfalls verschiedene Menschen von ihren Enttäuschungen erzählt. Das ist ein wirkliches Problem. Es kommt tatsächlich vor, dass man die Wunder, die Kunyaza verspricht, nicht erlebt, obwohl man sich alle Mühe der Welt gibt und die Anweisungen befolgt. Das kennen sogar Menschen aus den Ländern, in denen Kunyaza traditionell praktiziert wird. So ist mir bei meinen Interviews eine Frau begegnet, die mir erzählte, dass sie ihren ersten Orgasmus erst vier Jahre nach ihrer Hochzeit hatte, obwohl sie und ihr Mann stets Kunyaza anwendeten.

Erreicht man mit Kunyaza nicht die gewünschten Ziele, kann das unterschiedlichste Ursachen haben, und es ist gut, diese zu kennen. Im Folgenden möchte ich diese mit Ihnen gemeinsam beleuchten und Ihnen Vorschläge machen, wie Sie diesen Ursachen begegnen können. Bitte überprüfen Sie selbst, was auf Sie zutrifft und welche Lösung für Sie passend ist.

Haben Sie die Anleitungen vielleicht falsch verstanden?

Manche Paare sind beim Anwenden von Kunyaza einfach deshalb nicht so erfolgreich, wie sie es sich wünschen, weil sie die Anleitungen nicht richtig verstanden haben. Als sie lasen, dass man mit dem Penis auf die verschiedenen Teile der Vulva klopft, dachten manche Männer, dass man das mit dem Körper des Penis tut. Und das war ihren Frauen dann nicht angenehm. Ich wiederhole es an dieser Stelle noch einmal: Die Vulva wird nur mit der Eichel des nackten oder durch die Vorhaut bedeckten Gliedes stimuliert – wobei Sie natürlich ein Präservativ verwenden, wenn Sie keine dauerhafte Beziehung miteinander führen, in der Treue eine Rolle spielt –, mit dem Peniskörper werden die Wände der Vagina stimuliert.

Andere Paare haben Schwierigkeiten, Kunyaza richtig anzuwenden, weil sie sich anhand der anatomischen Abbildungen, die sie im Anhang dieses Buches („Die Geschlechtsorgane der Frau" und „Die Geschlechtsorgane des Mannes", Seite 150 ff.) finden, und der Anleitungen im Text nur schwer vorstellen können, was genau zu tun ist. Und so habe ich zahlreiche Anfragen bekommen, ob es denn keine DVD gäbe. Die Antwort ist: leider nein. Einige haben dieses Problem dann gelöst, indem sie an einem meiner Workshops – die ich regelmäßig in Deutschland organisiere und bei denen ich Kunyaza anhand von anatomischen Modellen demonstriere – teilnahmen.

Haben Sie als Mann etwas falsch gemacht?

In der Liebe ist es wie in allen anderen Bereichen des Lebens: Manche Menschen kennen sich besser aus als andere. Man nennt diejenigen, die sich gut auskennen, „Spezialisten". Oder anders ausgedrückt: Nicht alle Menschen können gut küssen, beherrschen die Penetration, das Vorspiel, den Oralsex und so weiter gleich gut. Dasselbe gilt für Kunyaza. Auch hier gibt es „Spezialisten", die einfach bessere Ergebnisse erzielen. Das muss jedoch Männer, die weniger geschickt sind, nicht entmutigen. Kunyaza ist tatsächlich leicht zu erlernen und anzuwenden. Wenn es bei den ersten Versuchen nicht gleich gelingt, muss man nur ein wenig dabeibleiben, und ich garantiere Ihnen, dass sich der Erfolg fast von selbst einstellen wird.

Dr. Eulogius sagte in seiner Definition von „Kunyaza", dass die ruandischen Männer Experten für Kunyaza seien. Das ist natürlich nur die halbe Wahrheit. Männer aus anderen Ländern, die diese Methode anwenden, sind ebenso versiert wie die ruandischen Männer. Meine Herren, unabhängig von Ihrer Kultur können auch Sie diese Kunst der körperlichen Liebe beherrschen und große Spezialisten darin werden. Sie müssen sich einfach nur entschließen, sie ohne jegliche Vorurteile zu erlernen.

Reagieren Sie als Frau nur schwach auf die Stimulierung?

Möglicherweise reagiert die Frau auf die sexuelle Stimulation nur wenig. In einer solchen Situation hat der Mann größere Chancen, sein Ziel zu erreichen, wenn er die Frau so „gut" wie möglich stimuliert, das heißt, wenn er Kunyaza in der komplexen Variante praktiziert und sowohl innerlich wie äußerlich und nahezu gleichzeitig alle erogenen Zonen der Frau anregt, die ich Ihnen bereits vorgestellt habe (siehe Kapitel V., „Die beste Methode für die körperliche Liebe", dort unter „Die Klitoris, aber eben nicht nur sie …", Seite 82 ff.).

Haben Sie wenig Erfahrung?

Wer hat bei seinen ersten sexuellen Erfahrungen keine Probleme gehabt? Und so muss man, wenn man sich mithilfe von Kunyaza in dieses große Abenteuer stürzt, eben auch mit einigen Anlaufschwierigkeiten rechnen. Erinnern Sie sich immer wieder daran, dass diese Schwierigkeiten normal sind, und nehmen Sie sich viel Zeit, um ohne Erfolgsdruck zu üben. Sie werden sehen: Der Erfolg wird sich einstellen. Immer wenn Sie der Mut verlässt, erinnern Sie sich daran: „Übung macht den Meister."

Passen Sie als Partner in sexueller Hinsicht einfach nicht zusammen?

Kunyaza funktioniert auch, wenn die Partner nicht verliebt sind. Sollte diese Methode jedoch nicht die von ihr erwarteten Wirkungen zeigen, so beleuchten Sie auf der Suche nach möglichen Ursachen ruhig auch die Qualität Ihrer Liebesbeziehung. Falls Sie feststellen, dass etwas fehlt, dann unternehmen Sie etwas, um das zu ändern. Das ist sehr wichtig, denn die „Chemie“ zwischen den Partnern spielt – unabhängig von der angewendeten Methode – eine große Rolle, wenn es um den Erfolg der sexuellen Begegnung geht. Ich weiß, die „Chemie“ selbst kann man schwerlich ändern, aber Unstimmigkeiten, was die „Chemie“ angelangt, können unterschiedliche Ursachen haben. Es ist in jedem Fall wichtig, offen miteinander darüber zu sprechen, was einem am Partner missfällt, und gemeinsam zu schauen, ob und wie die Differenzen zu überbrücken sind.

Vergessen Sie Vor- und Nachspiel?

Was ich über die Chemie zwischen den Partnern geschrieben habe, gilt natürlich auch für das Vorspiel und das Nachspiel. Praktiziert man Kunyaza einfach mechanisch, ohne Zärtlichkeiten, kann es sein, dass das Ergebnis nicht zufriedenstellend ist … und folglich die Methode ungerechterweise als ungeeignet betrachtet wird. Was das Vorspiel und das Nachspiel anbelangt, gibt es kein Patentrezept, denn sie unterscheiden sich von Kultur zu Kultur. Deshalb empfehle ich Ihnen, Sex-Ratgeber zurate zu ziehen … und einfach Ihrer Fantasie freien Lauf zu lassen. Spielen Sie ein wenig, probieren Sie aus … denn: Erlaubt ist, was beiden Spaß macht.

Haben Sie Rückenschmerzen?

Nur weil Sie unter Rückenschmerzen leiden, muss Ihr Liebesleben noch lange nicht auf Sparflamme laufen. Ganz im Gegenteil: Dank Kunyaza gibt es dafür absolut keinen Grund!

Rückenschmerzen sind eines der großen medizinischen Probleme unserer Zeit. 80 Prozent der Bevölkerung leiden im Laufe ihres Lebens darunter. Man spricht von der „Jahrhundertkrankheit“ und darüber muss man sich nicht wundern, denn wir beugen unseren Rücken täglich 1500- bis 2000-mal!

Rückenschmerzen können zu Problemen beim Sex führen, das ist wahr. So sind unter Rückenschmerzen leidende Männer häufig nicht mehr in der Lage, die normalen Gleitbewegungen bei der Penetration auszuführen. Ich selbst habe in meinen Workshops zahlreiche junge Männer getroffen, die wegen eines Bandscheibenvorfalls keine körperliche Liebe mehr machen konnten. Unter solchen Umständen greifen die Männer im Westen auf Oralsex oder manuelle Befriedigung zurück, um ihrer Partnerin Lust zu bescheren. Kunyaza bietet hier eine weitere Alternative. In Kapitel IV, „Das Geheimnis des Kunyaza" (dort unter „Und nun zum Liebesakt …", Seite 56 ff.), habe ich die Techniken ausführlich dargestellt, mit denen die Vulva stimuliert werden kann, ohne dass der Mann mit seinem Glied in die Vagina eindringt. Bei dieser Form der Stimulation können beide Partner einen intensiven Höhepunkt erleben. Man kann also wundervollen Sex und einen tollen Orgasmus haben, auch wenn der Rücken bei der vaginalen Penetration in einer üblichen Stellung nicht mehr mitspielen will.

Mangelt es Ihnen an anatomischen Kenntnissen?

„Sie können diese wunderbare Methode, die das Lustempfinden der Frau im Auge hat, bei uns nicht einführen und verbreiten, denn die Männer hier sind Egoisten. Sie denken nur an sich und an ihre eigene Lust. Sie machen sich nicht die Mühe, die Anatomie der Frau kennenzulernen. Wie sollen sie denn die Klitoris stimulieren, wenn sie nicht einmal wissen, wo die ist?" – Diesen Kommentar hinterließ eine in Berlin lebende Tschechin für mich auf meiner Homepage, nachdem sie die erste Ausgabe dieses Buches gelesen hatte. In ihren wenigen Worten sind drei Botschaften enthalten:

Zunächst einmal warnt sie mich, dass die Verbreitung von Kunyaza in den westlichen Ländern keinen großen Erfolg haben wird, obwohl es äußerst wirkungsvoll ist. Ich kenne das Argument; diese Frau ist nicht die Einzige, die mich vor der – tatsächlich existierenden oder nur eingebildeten – kulturellen Schranke gewarnt hat. Andere Leser haben mir Mails mit ähnlichem Inhalt geschrieben … nicht um mich zu entmutigen, sondern um mich zu motivieren. Natürlich freue ich mich über Ermutigungen, denn sie regen mich dazu an, mehr Energie in die Erfüllung meiner selbst gewählten Mission zu investieren. Das mache ich gern, denn ich bin überzeugt davon, dass Kunyaza sich in der ganzen Welt verbreiten wird, genauso wie andere Sexualpraktiken, die der breiten Öffentlichkeit früher unbekannt waren.

So gab es den Zungenkuss in Afrika früher nicht. In Ruanda waren die jungen Intellektuellen meiner Generation in den Sechzigerjahren des 20. Jahrhunderts die Ersten, die ihn praktizierten, denn sie waren vom Westen beeinflusst. Ältere Intellektuelle – so auch die Mitglieder der Regierung und hohe Staatsbeamte – kannten diese Praxis nicht. Heute kennen viel mehr Ruander den Zungenkuss. In früheren Zeiten war diese Art des Küssens allerdings auch in den westlichen Ländern nicht sehr verbreitet: Die meisten der heute über achtzigjährigen Deutschen kennen den Zungenkuss wahrscheinlich ebenfalls nicht aus ihrer Jugend. Eine weitere Technik, die sich erst mit der Zeit verbreitet hat, ist der Oralsex. Vor einigen Jahrzehnten praktizierten nur wenige Paare des Öfteren Fellatio und Cunnilingus. Heute ist Oralsex Bestandteil der sexuellen Praktiken der meisten Paare und fehlt in keinem Sex-Ratgeber. Der Kunyaza-Technik sage ich ein ähnliches Schicksal voraus wie dem Zungenkuss und dem Oralsex. Sie wird immer schneller Verbreitung finden, je mehr sich die Menschen ihrer Vorteile und Wohltaten bewusst werden.

Die zweite Botschaft der tschechischen Frau war, dass die westlichen Männer Egoisten seien. Höchstwahrscheinlich kennt sie keine Männer von anderen Kontinenten oder mit anderem kulturellem Hintergrund. Denn sonst wüsste sie, dass man überall in der Welt egoistischen Männern begegnet. Und so bin ich sehr glücklich darüber, dass ich Ihnen, meine Herren – egal mit welchem kulturellen Hintergrund –, eine einfache und elegante Art der körperlichen Liebe vorstellen kann, die es sowohl der Frau als auch dem Mann erlaubt, Lust zu empfinden und zum Höhepunkt zu kommen.

Und schließlich weist mich die Tschechin darauf hin, dass Männer ignorant sind, was die Anatomie des weiblichen Körpers anbelangt. Sie ist der Ansicht, dass ein Mann sich in der weiblichen Anatomie auskennen muss, um seine Partnerin befriedigen zu können. Und: Diese Frau hat recht. Die meisten Männer wissen sehr wenig über den Körper der Frau. Die Vagina ist vielleicht das einzige Organ im Bereich des weiblichen Beckens, das sie wirklich kennen (denn es ist das Einzige, das sie im Eifer des Gefechts interessiert). Unter den Männern, die ausschließlich in Missionarsstellung „Liebe machen", gibt es gewiss viele, die ihre Frau noch nie nackt gesehen haben, und die vielleicht sogar sterben werden, ohne das je zu erlebt zu haben. Viele Männer haben schon einmal von der Klitoris gehört, wissen aber trotzdem nicht – wie diese Tschechin sagt –, wo genau sie sich befindet, und könnten erst recht nicht sagen, wie sie aufgebaut ist (ob sie aus einem oder mehreren Teilen besteht). Außerdem gibt es tatsächlich nur wenige Männer, die über andere erogene Zonen der Frau Bescheid wissen – die ich in Kapitel V unter „Die Klitoris, aber eben nicht nur sie …" (Seite 82 ff.) beschrieben habe. Das ist zumindest der Eindruck, den ich bei meinen Workshops gewonnen habe, in denen die erogenen Zonen ein Hauptthema darstellen.

Männer haben hier also viel nachzuholen. Und sie sollten sich darum bemühen, denn gute Kenntnisse der weiblichen Anatomie können ihnen helfen, ihre Partnerinnen zu befriedigen. Die Tschechin hat ganz recht: Wie kann man die Klitoris stimulieren, wenn man nicht weiß, wo sie liegt? Und das gilt selbstverständlich auch für andere erogene Zonen der Frau. Um sie stimulieren zu können, muss man wissen, dass es sie gibt, wo sie sich befinden und wie man am besten vorgeht.

Die ruandischen Männer – Experten in Sachen „weibliche Anatomie"

Glauben Sie bloß nicht, dass Männer, die aus Ländern stammen, in denen Kunyaza praktiziert wird, diese Methode erfolgreich anwenden, ohne dass sie etwas über die Anatomie der Frau wüssten.

Täuschen Sie sich nicht! Diese Männer haben mehr anatomische Kenntnisse, als die meisten von Ihnen denken. So haben sie für jeden Teil der weiblichen Genitalorgane einen Namen. Ich gebe Ihnen hierzu ein paar Beispiele aus Ruanda. In diesem Land wird die Gesamtheit von Vulva und Vagina als *igituba* bezeichnet; die kleinen Schamlippen tragen den Namen *imishino* oder *imisundi;* die Schamritze heißt *urwase,* die Klitoris *rugongo,* der Venushügel *inda y'igituba* und der Damm wird *urutezo* genannt. Ich habe Ihnen bereits die Bezeichnungen für verschiedene Typen des männlichen Gliedes genannt.

Und so unterscheiden die Menschen in Ruanda auch die Vulven – etwa nach der Länge der Schamritze; danach, wie viel davon sichtbar ist, wenn die Frau steht; nach dem Abstand zwischen Vaginaleingang und Damm und so weiter. Für die unterschiedlichen Formen des Venushügels gibt es ebenfalls verschiedene Begriffe. Ein sehr kräftig entwickelter Venushügel wird *umubundankari, umugina* oder *igituba cy'amajigo* genannt und *umunoga, urweso* oder *icwende* bezeichnen einen kleinen und flachen Venushügel.

Zusammenfassend möchte ich noch einmal sagen, dass die Menschen in Ruanda nicht nur spezielle Ausdrücke für alle sichtbaren Genitalorgane der Frau und des Mannes haben, sondern auch Bezeichnungen kennen, die das unterschiedliche Aussehen und die Formen dieser Organe sowie ihre jeweiligen Eigenschaften – vom sexuellen Gesichtspunkt aus betrachtet – beschreiben. Es gibt so viele solcher Ausdrücke, dass es den Rahmen dieses Buches sprengen würde, sie hier alle zu nennen.

Wenn ich über das Wissen der Menschen in Ruanda spreche, was den Körper des Mannes und der Frau anbelangt, geht es mir nicht darum, meine Landsleute zu loben, meine Absicht ist vielmehr, Ihnen, meine Herren, aufzuzeigen, wie wichtig gute Kenntnisse in diesem Bereich sind. Natürlich sind nicht alle Ruander auf diesem Gebiet gleich bewandert. Fest steht allerdings: Männer, die den weiblichen Körper gut kennen, sind die besseren Liebhaber. Sie brauchen die Vulva nicht erst zu untersuchen, um die Eichel der Klitoris zu entdecken. Sie finden sie selbst im Dunkeln und selbst bei Frauen, mit denen sie zum ersten Mal zusammen sind. Ihre Partnerin muss ihnen nicht sagen, was sie tun müssen (auch wenn sie auf diesem Gebiet Bescheid weiß).

Bisher ging es um die Unwissenheit der Männer, aber wie gut kennen sich die Frauen auf diesem Gebiet aus? Machen sie wirklich eine bessere Figur als die Männer? Wenn ich den Aussagen in meinen Workshops Glauben schenke und meiner Leserpost, schneiden Sie nicht besser ab, meine Damen. Sie scheinen sich ebenfalls keine besondere Mühe zu geben, Ihren eigenen Körper wirklich kennenzulernen. Sonst hätten Sie schon längst festgestellt, dass Ihre Klitoris auch einen Vorhofschwellkörper und einen Klitorisschenkel hat, denn Sie hätten gespürt, dass da etwas ist, das in erregtem Zustand anschwillt. Diese beiden paarigen Teile der Klitoris kann man tatsächlich spüren, das haben mir mehrere Frauen bei meinen Workshops in Deutschland bestätigt.

Die Frauen können versuchen, sich mit dem Argument aus der Affäre zu ziehen, dass sie ihren Körper schlecht kennen, weil ihre Genitalien aufgrund ihrer Lage schwer zu beobachten sind. Das kann uns auf den ersten Blick auch überzeugen. Zweifellos sind die männlichen Organe einfacher gebaut und leichter zu sehen: Schließlich hat der Mann sie täglich vor Augen, sei es auch nur, wenn er pinkelt. Trotzdem ist es für Sie, meine Damen, auch möglich, sich selbst zu erforschen, wenn Sie das wollen. Sie können sich einen Spiegel zur Hilfe nehmen; Sie haben Ihre Finger, mit denen Sie die verschiedenen Teile der Vulva erforschen können. Ihre innen liegenden Organe, die Sie nicht so einfach mit Ihren Fingern erforschen können (einschließlich des Gebärmutterkörpers), können Sie entdecken, indem Sie Ihre Aufmerksamkeit beim Sex nach innen richten.

Mangelnde anatomische Kenntnisse sind eines der größten Hindernisse auf dem Weg zum Erfolg in sexuellen Beziehungen. Ich bin zu der Überzeugung gelangt, dass etwas zur Änderung dieser beklagenswerten Situation getan werden muss, und deshalb finden Sie im Anhang dieses Buches unter „Die Geschlechtsorgane der Frau“ und „Die Geschlechtsorgane des Mannes“ (Seite 150 ff.) anatomische Abbildungen. Bitte studieren Sie die verschiedenen dargestellten Organe aufmerksam und mit Ihrem Partner gemeinsam. Nach der Theorie kommt die Praxis. Zunächst allein: Die Frau erkundet ihre Organe mit ihren Fingern, der Mann seine ebenfalls. Erst danach erkunden Sie – ebenfalls mit den Fingern – die Geschlechtsorgane Ihres Partners … zunächst unter eigener Regie und dann unter Anleitung des Partners. Berühren Sie die Organe nicht nur: Drücken Sie ruhig ein bisschen, um zu spüren, welche Konsistenz sie haben; liebkosen Sie sie, um zu sehen, wie sie reagieren. Um versteckte Bereiche wie die Eichel des Penis oder der Klitoris kennenzulernen, ziehen Sie die Vorhaut zurück. Spreizen Sie die kleinen Schamlippen, um den Vorhof und die äußere Harnröhrenmündung zu finden.

Tun Sie das dann, wenn Sie genug Zeit haben und nicht gestört werden können. Wählen Sie einen Ort, an dem Sie beide allein sein können und an dem Sie sich wohlfühlen. Wenn all diese Voraussetzungen erfüllt sind und Sie sorgfältig und systematisch vorgehen, werden Sie anschließend in der Lage sein, alle Genitalien Ihres eigenen Körpers und die Ihres Partners zu benennen und ihre Besonderheiten zu beschreiben.

Wenn Sie während der Erkundung Ihrer Organe nicht erregt sind, werden Sie nicht zwischen einer Klitoris in erigiertem Zustand und im Ruhezustand unterscheiden können. Versuchen Sie, Ihre Untersuchung auch einmal in einer Situation durchzuführen, in der Sie erregt sind. Das ist natürlich wichtiger für das Kennenlernen der Klitoris als für das des Penis, denn ein erigiertes Glied ist für viele Männer und Frauen ein vertrauter Anblick, aber nur sehr wenige Männer haben schon einmal eine erigierte Klitoris gesehen – das war auch für mich beim ersten Mal wie ein kleines Wunder! Ich hatte bereits von diesem „kleinen Penis der Frau“ gehört, der sich wie beim Mann mit Blut füllt, wenn sie sexuell erregt ist. Doch als ich das mit eigenen Augen sah, wollte ich es kaum glauben, besonders als die Klitoris sehr groß war. Ich empfand in diesem Augenblick eine tiefe Befriedigung, die sich im ganzen Körper ausbreitete. Sollten Sie bislang Sex immer nur in der Missionarsstellung machen, muss ich Ihnen sagen: Sie haben etwas verpasst! Meine Herren, das ist eine Erfahrung, die ich Ihnen unbedingt empfehle. Sie werden überrascht sein!

Sind beide Partner erregt, dann ist auch der richtige Augenblick gekommen, um nach der „weiblichen Prostata“ (möglicher G-Punkt) zu suchen und zu überprüfen, ob es wirklich so ist: Schwillt dieses Organ an, wenn die Frau erregt ist, und drückt so auf die Wand der Vagina, dass im Vaginalkanal eine Erhebung zu ertasten ist? Um den G-Punkt zu finden, legt sich die Frau am besten auf den Rücken und der Mann dringt mit seinem erigierten Penis in ihre Vagina ein. Er geht dabei behutsam vor – Stück für Stück – und bewegt den Peniskörper dabei immer wieder mit der Hand von unten nach oben, bis er unter Anleitung seiner Partnerin einen angeschwollenen empfindlichen Bereich entdeckt, der an der oberen (zum Bauch hin gelegenen) Wand der Vagina liegt. Wenn Sie beide Lust dazu haben, können Sie nun fortfahren zu forschen: Finden Sie noch weitere erogene Zonen in der Scheidenwand?

Um die Wand der Vagina zu erkunden, können sowohl der Mann als auch die Frau auch ihre Zeige- und Mittelfinger verwenden … und sich mit ihrer Hilfe schrittweise vom Scheideneingang in Richtung Gebärmutterhals vorantasten.

Wissen Sie nicht genug oder haben Sie Vorurteile?

„Ungefähr zwei Millionen Mädchen werden jährlich beschnitten. Insgesamt gibt es weltweit mehr als 130 Millionen Mädchen und Frauen, die beschnitten sind. Die meisten von ihnen leben in 28 afrikanischen Ländern, die Übrigen in Asien und im Mittleren Osten. Es gibt auch einige beschnittene Frauen unter den Einwanderinnen in Europa, Australien, Kanada und den USA. Mit welchem Recht wagen Sie es, über die sexuelle Befriedigung der Frauen zu schreiben? Die genannten Fakten sprechen doch für sich!“

Der deutsche Mann, der mir diese Botschaft auf meiner Homepage hinterließ, ist nicht der Einzige, der so denkt. Auch in meinen Workshops werde ich immer wieder mit dieser Kritik konfrontiert. Trotz der Vorstellung, die in vielen Köpfen herumgeistert, dass der schwarze Mann besser „im Bett" sei als Männer anderer Hautfarben, ist es eine im Westen sehr verbreitete Vorstellung, dass es aus Afrika, wenn es um das Thema „Sexualität" geht, nichts Gutes zu berichten gäbe. Diese Meinung wurde durch zahlreiche Artikel und Sendungen in den Medien zum Thema „Frauen in Afrika" genährt. Die Journalisten machen sich nicht die Mühe, die Situation so darzustellen, wie sie ist, und verzichten darauf, auf die Tatsache hinzuweisen, dass das *nicht* alle Mädchen und Frauen in Afrika betrifft. In Wirklichkeit sind die meisten afrikanischen Frauen *nicht* beschnitten. Um sich davon zu überzeugen, muss man nur die Zahlen genauer betrachten. Selbst wenn man davon ausgeht, dass die weltweit 130 Millionen beschnittener Frauen in Afrika leben, ist die Zahl nicht beschnittener Frauen weitaus größer, denn auf dem afrikanischen Kontinent leben fast eine Milliarde Menschen. Das Problem der Frauenbeschneidung ist ein sehr schwerwiegendes, doch lange nicht alle Afrikanerinnen teilen dieses Schicksal, das sollte uns bewusst sein.

Dass sie all das nicht wissen, hält viele Menschen im Westen davon ab, sich für eine aus Afrika stammende Sexualpraktik zu interessieren, auch wenn diese ihnen helfen könnte, ein wirklich erfülltes Liebesleben zu haben und glücklicher zu sein. Diejenigen, die Kunyaza trotz ihrer Vorurteile ausprobieren, laufen Gefahr, schneller aufzugeben, wenn die Methode nicht sofort eine Wirkung zeigt. Sie rechtfertigen ihr persönliches Aufgeben möglicherweise so: „Ich habe es ja immer gewusst, diese Afrikaner, die ihre Frauen beschneiden, können keine sexuelle Technik haben, die funktioniert." Deshalb ist es äußerst wichtig, das Image Afrikas in dieser Hinsicht zu verbessern – nicht nur, damit andere Kulturen von den Wohltaten des Kunyaza profitieren können, sondern auch, um die Zahl der auf diesem Kontinent wirkenden böswilligen Vorurteile zu senken.

Ich hoffe von ganzem Herzen, mit diesem Buch einen kleinen Beitrag dazu zu leisten. Ich habe mit der ersten Ausgabe dieses Buches bereits einen gewissen Erfolg erzielt, denn viele Leser und Leserinnen haben eine andere Wahrheit als die in den Medien vorherrschende kennengelernt. Auch die Menschen, die an meinen Workshops teilnehmen, hatten die Gelegenheit, ihre Überzeugungen in puncto „afrikanische Sexualität" zu revidieren. Ich habe dem Mann, der mir die obige Botschaft auf meiner Homepage hinterlassen hat, geantwortet. Ich habe ihm die Zahlen vorgelegt, um ihm zu zeigen, wo sein Bild von Afrika falsch war. Er musste seine Meinung ändern und hat sich inzwischen bei mir entschuldigt.

Glücklicherweise haben nicht alle Menschen im Westen solche Vorurteile über Afrika. Manche sind sogar neugierig, diesen Kontinent so zu entdecken, wie er ist, und glauben nicht alles, was in den Medien gesagt und geschrieben wird. Tatsächlich sind fast alle Menschen, die mein Buch gelesen haben und an meinen Workshops teilgenommen haben, Weiße. Das von mir behandelte Thema scheint Schwarze nicht zu interessieren. Es gibt unter ihnen nur sehr wenige, die mein Buch gelesen haben, und ebenfalls nur sehr wenige – insbesondere Frauen – nehmen an meinen Workshops teil.

Bis heute versuche ich, mir über die Gründe für dieses mangelnde Interesse bei Afrikanern und anderen schwarzen Bevölkerungsgruppen in Deutschland klar zu werden. Ich kann nur spekulieren: Möglicherweise beruht diese Tatsache auf der irrigen Ansicht, man wisse alles über Afrika, da man ja aus Afrika komme. Oder vielleicht zeigen in Deutschland lebende Afrikaner generell wenig Interesse an mit Afrika verbundenen Themen. Man trifft sie in den Kirchen, in Diskotheken und Nachtklubs, auf Familienfesten oder Tanzveranstaltungen. Was allerdings Bücher, Filme, Konferenzen oder Diskussionsforen zum Thema „Afrika" anbelangt, lassen sich die bei solchen Veranstaltungen anwesenden Afrikaner an einer Hand abzählen, obgleich der Eintritt in der Regel frei ist. Wie dem auch sei, ich hoffe – und hier wende ich mich besonders an die schwarzen Männer –, dass ihr mangelndes Interesse nicht darauf zurückzuführen ist, dass sie selbst davon überzeugt sind, sie könnten im Bereich der Sexualität nichts mehr dazulernen … ganz nach dem Klischee: Der schwarze Mann ist der beste aller Liebhaber. Sollte das so sein, möchte ich sie nur auffordern, einen ehrlichen Blick auf ihre sexuellen Leistungen zu werfen, und sie werden sehen, dass sie nicht immer geglänzt haben. Auch sie können ihr Liebesleben durch Kunyaza deutlich verbessern. Diese Methode zu beherrschen wird ihnen die Chance geben, das Klischee des schwarzen Mannes als „Sexgott" wahr werden zu lassen und wahre Meister in Sachen „Liebe" zu werden.

Die Menschen, die in Ländern leben, in denen Kunyaza praktiziert wird, haben ebenfalls nicht viel Interesse an meinem Buch und meinen Workshops gezeigt, obwohl viele von ihnen Deutsch verstehen und lesen können. Eine Frau aus Ruanda, mit der ich mich über dieses Thema unterhielt, sagte, sie hätten es wohl nicht nötig, mein Buch zu lesen und an meinen Workshops teilzunehmen, da sie Kunyaza gut kennen würden. Aber das ist nicht so. Zunächst einmal kann eine kleine Minderheit von ihnen Kunyaza nicht praktizieren, da sie es nicht gelernt hat. Und auch diejenigen, die es kennen, können durch neues Wissen sicherlich nur profitieren. Die weniger Erfolgreichen haben allen Grund, von denen zu lernen, die es besser machen als sie, und so ihre Schwachpunkte zu verbessern. Deshalb fordere ich alle Menschen, die aus den Ländern kommen, in denen Kunyaza praktiziert wird, auf, ebenfalls dieses Buch zu lesen. Sie werden viele neue Dinge erfahren, die ihren sexuellen Horizont erweitern werden – beispielsweise über die Anatomie der Frau … Ich selbst lerne – obwohl ich Kunyaza seit mehr als dreißig Jahren praktiziere – durch meine Interviews, verschiedene Bücher (siehe „Literaturverzeichnis", Seite 163 f.) und Diskussionen mit Menschen, die meine Homepage und meine Workshops besuchen, unentwegt dazu. Deshalb möchte ich meine neu gewonnenen Kenntnisse in diesem Buch mit Ihnen teilen, liebe Leserinnen und Leser.

Haben Sie sexuelle Probleme?

Häusliche Gewalt und andere Traumata

In meinen Workshops stellte sich sehr oft (sexuelle) Gewalt als Ursache für sexuelle Probleme heraus. Ich habe mehrere Frauen getroffen, die Probleme in ihrem Liebesleben haben, weil sie in ihrer Kindheit oder in ihrer Jugend vergewaltigt wurden oder weil sie von ihrem Partner geschlagen wurden (oder weil sie noch immer geschlagen werden) oder weil ihre Männer beim Geschlechtsverkehr gewalttätig oder brutal waren oder sind. Von solchen Misshandlungen berichten vor allem Frauen, aber auch Männer sind Opfer solcher Gewalt, besonders in Gefängnissen oder in der Armee.

In dem 2002 erschienenen und im Internet verfügbaren „Ersten Bericht über Gewalt und Gesundheit" widmet die Weltgesundheitsorganisation (WHO) ein Kapitel dem Thema „sexuelle Gewalt". Hier wird darauf aufmerksam gemacht, dass sexuelle Gewalt tiefe Auswirkungen auf die physische und mentale Gesundheit des Opfers hat und in zahlreichen Fällen zu Mord und Selbstmord führt. Die WHO betont darüber hinaus, dass dieses Phänomen weltweit sehr verbreitet ist. In manchen Ländern erlebt vermutlich fast jede vierte Frau sexuelle Misshandlungen durch ihr nahestehende Personen und ein Drittel der heranwachsenden Mädchen erklären, dass ihre sexuelle Einweihung erzwungen wurde.

Von den Frauen, die ich getroffen habe und die in ihrer Kindheit vergewaltigt wurden, haben einige Kunyaza in allen Variationen und mit einem Partner praktiziert, den sie wirklich liebten und der sie wirklich liebte und bereit war, alles zu tun, um sie zu befriedigen … ohne Erfolg. Trotzdem empfehle ich Frauen, die Opfer sexueller Gewalt wurden oder andere Misshandlungen erlebt haben, Kunyaza. Was haben sie dabei zu verlieren? Zumal diese Methode auch ohne vaginale Penetration praktiziert werden kann, falls das der Frau noch Angst machen sollte. Natürlich ersetzt diese Praktik keine professionelle Behandlung, die hilft, die Ursache des Problems zu lösen.

Männer mit leichten Erektionsproblemen

In Kapitel I, „Wozu ich dieses Buch geschrieben habe“ (Seite 13 ff.), hatte ich bereits dargestellt, dass die meisten sexuellen Störungen bei Männern in die Kategorie „Probleme mit der sexuellen Erregung“ fallen. Kunyaza kann eine wirksame Lösung für leichte Erektionsprobleme bieten. Tatsächlich ist es nicht nötig, dass das männliche Glied vollständig steif ist, um diese Methode zu praktizieren. Es kann sogar vorkommen, dass sich die Erektion beim Sex durch Kunyaza verstärkt, was auf die klopfenden Bewegungen, den Kontakt mit der warmen Flüssigkeit und den Kontakt der Eichel des Penis mit der Klitoriseichel zurückzuführen ist.

Vorzeitiger Samenerguss

Die vorzeitige Ejakulation ist ein sehr verbreitetes Problem. Den in Kapitel I, „Wozu ich dieses Buch geschrieben habe“ (siehe Seite 16 ff.), angeführten Statistiken zufolge sollen etwa ein Drittel der Männer (vielleicht sogar mehr) in den westlichen Ländern dieses Problem kennen. Ich selbst wurde von mehreren – schwarzen und weißen – Männern angesprochen, die mich um Hilfe baten. Es gab sogar Anfragen aus Afrika. In *Sexual Healing* betont die amerikanische Psychologin Barbara Keesling, dass diese sexuelle Störung sehr häufig auftritt. Sie erzählt, wie sie für ihr Buch im Internet nach Artikeln zum Thema „sexuelle Störungen“ recherchiert hat. Am Ende ihrer Recherchen habe sie zehnmal mehr Artikel über vorzeitige Ejakulation als über andere sexuelle Störungen gefunden.[22]

Man unterscheidet mehrere Formen der vorzeitigen Ejakulation. Manche Männer leiden unter dieser Störung nur gelegentlich, andere fast ihr ganzes Leben lang. Manche Männer haben dieses Problem nur beim Sex mit bestimmten Frauen, andere ejakulieren nur bei ihrem/ihren ersten Versuch/en vorzeitig und können danach, wenn sich die Beziehung gefestigt hat, problemlos ausdauernden Sex haben. Und es gibt Männer, die ihr Leben lang keinerlei Probleme mit vorzeitiger

Ejakulation hatten und dann ganz plötzlich ab einem gewissen Alter darunter leiden.

Man unterscheidet außerdem verschiedene Grade der Vorzeitigkeit: Die Ejakulation kann allein durch den Gedanken an eine begehrenswerte Frau ausgelöst werden oder durch ein erotisches Gespräch, den Körperkontakt beim „Stehblues", durch das Berühren der Brüste, der Hände, der Lippen oder des Mundes einer Frau. Am häufigsten erfolgt der vorzeitige Samenerguss einige Sekunden nach der vaginalen Penetration.

Bei Männern kann das Problem durch Kunyaza noch verschärft werden. Ich habe bislang immer wieder betont, dass diese Methode für Frauen sehr erregend ist, und bin weniger darauf eingegangen, dass das für die Männer ebenfalls zutrifft. Und so kann Kunyaza bei Männern die Ejakulation noch schneller herbeiführen und Männer mit Ejakulationsstörungen sind dann nicht mehr in der Lage, die Methode erfolgreich anzuwenden. Was können sie also tun?

In unserer modernen Welt soll man überall der Erste sein und so wird von uns verlangt, alles immer schneller zu tun. Männer, die unter vorzeitiger Ejakulation leiden, können in allen anderen Lebensbereichen versuchen, der Erste zu sein … doch bei der körperlichen Liebe müssen sie lernen, so langsam wie möglich zu sein. Sex sollte man so genießen wie ein leckeres Menü, das man ja auch nicht hinunterschlingt. Das erfordert eine Geisteshaltung, bei der man den physischen, emotionalen und mentalen Drang beherrscht und nicht sofort an die Penetration der Vagina denkt, und außerdem, dass man sich in dieser Haltung übt. Mit Geduld und Ausdauer erzielt man meist nach einiger Zeit gute Ergebnisse, ohne einen Experten konsultieren zu müssen. Wenn man bereit ist, sich ein Jahr lang oder länger in Geduld zu üben, können Yoga- und Tantra-Übungen sehr hilfreich sein. Ich empfehle außerdem, an Kursen in diesen beiden Disziplinen teilzunehmen. Und was Kunyaza betrifft, rate ich Ihnen, meine Herren, wenn Sie Ejakulationsprobleme haben, zusätzlich, die einfachen Formen dieser Methode anzuwenden. Sie können beispielsweise nur die Klitoriseichel oder die Harnröhrenmündung stimulieren. Beim Penetrieren sollten Sie immer wieder innehalten, eine Pause machen, um das Verlangen der Frau zu steigern und die Chance zu erhöhen, dass beide Partner gleichzeitig zum Höhepunkt kommen. Sollte das Problem trotz aller Bemühungen fortbestehen, möchte ich Ihnen empfehlen, einen Arzt aufzusuchen, denn vorzeitige Ejakulation hat häufig psychische Ursachen.

Abschließend möchte ich zu diesem Thema anmerken, dass vorzeitiges Ejakulieren für Sie, meine Damen, kein Grund sein sollte, Ihren Partner zu verlassen. Beim Sex – wie in allen anderen Lebensbereichen – gibt es Dinge, die nicht so sind, wie wir sie uns wünschen: Es bleibt uns nur, sie anzuerkennen und geeignete Strategien zu entwickeln, wie wir damit umgehen können. Vorzeitige Ejakulation ist eine solche Tatsache. Statt uns zu trennen, sollten wir gemeinsam nach einer Lösung für das Problem suchen. Da vorzeitige Ejakulation weit verbreitet ist, ist die Wahrscheinlichkeit, dass eine Frau, die ihren Mann aus diesem Grund verlässt, vielleicht wieder an einen Partner mit dem gleichen Problem gerät, relativ hoch. Dasselbe gilt für Sie, meine Herren: Falls Ihre Partnerin sexuell nicht schnell genug erregbar ist, ist das kein Grund, sie zu verlassen oder ihr Vorwürfe zu machen – die meisten Frauen sind nicht so schnell erregbar wie Sie.

Wurden Sie lustfeindlich erzogen?

Die von mir empfohlenen intimen Handlungen eignen sich nicht für alle Paare. Denn es gibt Menschen, für die es nicht angenehm ist, wenn man ihre Geschlechtsteile betrachtet oder berührt. Dieses Problem kommt hauptsächlich bei Frauen vor – meiner Erfahrung nach jedoch häufiger bei Afrikanerinnen als bei westlichen Frauen. Viele Frauen im Westen gehen gern nackt baden, manche sind zu Hause gern nackt, nur wenige empfinden es als unangenehm, wenn ihre Geschlechtsorgane von ihrem Partner betrachtet oder berührt werden.

Auch Afrika blieb von Lustfeindlichkeit nicht verschont

In Afrika ist das anders als im Westen: Hier verbergen viele Frauen ihren Intimbereich entschlossen vor den Blicken oder der Berührung ihres Partners. Die Länder, in denen Kunyaza praktiziert wird, sind hier keine Ausnahme, was erstaunlich ist, denn eigentlich wäre zu erwarten, dass Frauen in diesen Ländern weniger Scham zeigen, weil sie durch diese Methode die Lust an der Liebe und das körperliche Verlangen kennengelernt haben. Ich habe mich oft nach den Gründen für dieses Verhalten gefragt. Schließlich bin ich zu dem Schluss gekommen, dass es nicht afrikanischen Ursprungs ist; dass es sich in Afrika vielmehr unter dem Einfluss fremder Kulturen entwickelt hat. In Ruanda und Burundi hat die katholische Kirche (heute ist der Katholizismus in beiden Ländern die wichtigste Konfession) entscheidend hierzu beigetragen. Zur Zeit der Kolonialisierung, als die Missionare auf den Kontinent kamen, hatten die Afrikaner keinerlei Scheu, sich nackt zu zeigen und gingen sogar halb nackt aus dem Haus. Slips, Büstenhalter und andere Unterwäsche waren ihnen unbekannt. Doch je mehr Einfluss die Missionare gewannen, desto mehr lernten die Afrikaner, ihre Genitalien zu verbergen. Außerdem lehrte man sie, dass der Liebesakt vor allem der Fortpflanzung und nicht allein dem Befriedigen der Lust diene und dass die körperliche Liebe etwas Schmutziges sei. Im Gegensatz zur damals herrschenden Sitte, die es – innerhalb eines festgelegten Rahmens – sowohl Frauen als auch Männern erlaubte, mehrere Partner zu haben, predigten die Missionare, dass die außereheliche Liebe Sünde sei.

Die katholische Sexualmoral veränderte das Verhalten der meisten zum katholischen Glauben konvertierten Menschen in Ruanda und Burundi. Während sie bisher immer unbekümmert Sex gehabt hatten, war der Liebesakt außerhalb des von der Kirche zugelassenen Rahmens nun mit Reue, Scham, Angst, Schuldgefühlen und inneren Spannungen belegt. Unter solchen Bedingungen kann man sich – selbst wenn man eine gute Methode wie Kunyaza anwendet – keine sexuelle Begegnung vorstellen, bei der sich die Partner entfalten und ganz dem sinnlichen Genuss hingeben, der entstehen kann, wenn sich zwei Menschen lieben oder sympathisch sind.

Angesichts dieser Entwicklung, die ich als Jugendlicher selbst mitverfolgt habe, kann ich Ihnen versichern, dass nur die jungen Leute, die das Gerede der Priester nicht ernst nahmen, ein erfülltes Liebesleben hatten. Die anderen, die im Kopf hatten, Sex sei *gukora ibibi* (schlechte Dinge tun) oder *gukora ibishenzi* (entsetzliche Dinge tun), waren während und nach jeder sexuellen Begegnung – sofern diese überhaupt stattfand – beunruhigt und hatten erst nach der Beichte wieder ein reines Gewissen. Aber ist es wirklich eine Sünde, ein gleichaltriges Mädchen anzusehen, sie nett zu finden und sich zu wünschen, eines Tages mit ihr Sex zu haben? Damals glaubten wir, das seien schlechte Gedanken, die wir bereuen müssten. Inzwischen bin ich froh, dass ich mich von diesen Hemmungen befreien konnte und eine normale Sexualität entwickelt habe, die es mir erlaubte, Kunyaza zu lernen, seine Wirkungen zu schätzen und meine Erfahrungen mit Ihnen zu teilen.

Doch nicht alle Menschen meiner Generation haben eine so positive Entwicklung erfahren dürfen wie ich. Während meiner Recherchen für dieses Buch bin ich Männern meiner Generation begegnet, die mir ganz aufrichtig gestanden, dass sie durch ihre strenge katholische Erziehung niemals Kunyaza gelernt hatten und es sehr bedauerten. Ich wollte nicht weiter in ihr Intimleben eindringen und so fragte ich sie nicht nach den Methoden, die sie bei Sex verwendeten. Da ich jedoch weiß, dass Oralsex und manuelle Befriedigung in Ruanda nicht zu den Liebestechniken zählen, bin ich fast sicher, dass sie nur die vaginale Penetration in der Missionarsstellung praktizierten. Und das bedeutet, dass ihre Frauen wohl mit an Sicherheit grenzender Wahrscheinlichkeit nie einen Orgasmus erlebt haben.

In Ruanda wie in den anderen Ländern der südlichen Hemisphäre hat sich niemand je die Mühe gemacht, Untersuchungen über die sexuellen Probleme durchzuführen, unter denen die Bevölkerung leidet. Würde das geschehen, so bin ich sicher, dass man zu denselben Ergebnissen wie in den westlichen Ländern gelangen würde, und die

Ursache wäre in beiden Fällen eine sexualfeindliche Erziehung. Doch auch andere christliche Konfessionen vermitteln eine solche Sexualfeindlichkeit, in erster Linie die Evangelikalen, die vor allem in den USA verbreitet sind und die aggressive Methoden einsetzen, um weltweit Einfluss zu gewinnen.

Eine lustfeindliche Erziehung ist einer der Hauptgründe dafür, dass Paare sexuell unerfüllt sind. Deshalb setzen sich zahlreiche Werke, wie etwa *Petit manifeste du plaisir au féminin* [Kleines Manifest der weiblichen Lust] von Eva Arkady, detailliert mit diesem Thema auseinander. Lou Paget widmet dieser Frage zwei Seiten in ihrem Buch.[23] Mir sind in Deutschland und speziell in meinen Workshops viele Opfer einer solchen Erziehung begegnet. Sie laufen oft ihr ganzes Leben lang von einem Psychologen zum nächsten und geben ein Vermögen für paar Ratschläge aus.

Die gute Nachricht ist: All das ist kein Schicksal!

Meine Damen und Herren, auch wenn Sie durch eine verlogene Sexualerziehung traumatisiert sind, möchte ich Ihnen dennoch Kunyaza ans Herz legen. Wenn die Schäden, die diese Erziehung verursacht hat, nicht allzu groß sind, stehen die Chancen gut, dass Sie mit Kunyaza Erfolg haben. Sollten sich Ihre Bemühungen als vergeblich erweisen, konsultieren Sie zunächst einen Psychologen oder – falls Sie bereits einen haben – arbeiten Sie mit diesem weiter an Ihrem Problem. Ihre unglückliche Situation hat auch ihr Positives: Ihre negativen Erfahrungen können anderen helfen, wenn es darum geht, was es zu vermeiden gilt, und das in zweierlei Hinsicht.

Zum einen können Sie Ihre Erfahrung mit jungen Menschen teilen und ihnen dazu raten, lustfeindlichem Gerede zu misstrauen. Zum anderen können Sie Eltern ins Gewissen reden, die ihre Kinder streng religiös und lustfeindlich erziehen, und sie bitten, sich dafür einzusetzen, dass diese Konfessionen die seit Langem fälligen Reformen durchführen und ihre Lehren endlich an die Entwicklung unserer heutigen Gesellschaften anpassen.

In den westlichen Ländern hat die Entwicklung der modernen Psychologie zu Beginn des 20. Jahrhunderts die schrittweise Evolution der Moral ermöglicht: Der Geschlechtsakt wurde nicht länger als Sünde betrachtet und die Einstellung zur Sexualität wurde zunehmend positiver. Doch erst durch die Kulturrevolution der Sechzigerjahre hat sich die Diskussion über das Thema „Sexualität" wirklich verändert und Sex wurde endlich als positiv für das Wohlbefinden von Körper und Seele angesehen. Doch diese Entwicklung gilt nur für die westlichen Länder. In der übrigen Welt hat sich nichts verändert! Und selbst in den westlichen Ländern hat nur ein Teil der Bevölkerung von der Liberalisierung der Sitten profitiert. Die Mehrheit leidet noch immer unter einer repressiven Moral, die aus dem Mittelalter stammt. Selbst in diesen Ländern haben die sexualitätsfeindlichen Religionen keine Reformen durchgeführt, die die Entdeckungen der modernen Psychologie, der Medizin und der Wissenschaften einbeziehen. Hingegen wäre es auch im ureigensten Interesse dieser Religionen, endlich etwas zu verändern, denn sie laufen Gefahr, ihre Anhänger zu verlieren. In Europa hat diese Entwicklung bereits begonnen: Die Menschen wenden sich von der Kirche ab, die mittelalterlichen Ideen verpflichtet ist. Fast jeden Monat schließt eine Kirche ihre Pforten, weil die Gläubigen ausbleiben.

Die Kirche hat in Afrika und anderen wenig industrialisierten Ländern derzeit noch zahlreiche Anhänger. Doch wie lange noch? Durch die Globalisierung und das Internet gelangen Informationen rasch bis in die entlegensten Winkel der Welt. Und die Afrikaner beginnen sich nun bereits zu fragen, weshalb die Menschen in Europa weniger gläubig sind, wo doch sie es waren, die ihren Glauben nach Afrika „exportiert" haben. Wenn die Kirche nicht moderner wird, könnten auch die Afrikaner der Religion den Rücken zukehren: Weshalb sollten sie weiterhin daran glauben, dass der Liebesakt, der beiden Partnern Spaß macht, eines der verwerflichsten Dinge der Welt sei, obwohl doch bekannt ist, dass diese Auffassung nicht nur sexuelle Probleme verursacht. Weshalb sollten sie weiterhin glauben, dass die körperliche Liebe einzig der Fortpflanzung dient? Wenn das tatsächlich der Fall wäre, gäbe es sicherlich ein streng geregeltes Liebesleben, das sexuelle Begegnungen nur erlaubt, wenn die Frau ihren Eisprung hat, das heißt, zwei oder drei Tage im Monat. Dem ist aber nicht so. Die menschliche Spezies kann an fast allen Tagen ohne Einschränkungen Sex haben.

Weshalb sollten die Afrikaner weiterhin glauben, dass Menschen nur aus ehelichen Verbindungen entstehen, wo doch heute Kinder durch künstliche Befruchtung „gezeugt" werden, ohne dass Frau und Mann eine intime Begegnung gehabt hätten? Wenn man ethische Fragen einmal außer Acht lässt, könnte man durch diese neuen Techniken sogar hundert Jahre nach seinem Tod Kinder haben. Zu diesem Punkt habe ich bei einem Gespräch folgenden Kommentar gehört, den ich äußerst passend fand: „Wenn das Klonen bereits im 19. Jahrhundert bekannt gewesen wäre, hätte man die Kinder im Reagenzglas gezeugt und so die Sünde der Lust ausgemerzt." Wer weiß, was die genetische Forschung noch möglich machen wird? Mit Sicherheit ist mit Entdeckungen zu rechnen, die die grundlegenden Konzepte der meisten Konfessionen infrage stellen werden.

Ob die Vertreter der verschiedenen Konfessionen es nun wollen oder nicht, die Fortschritte der Wissenschaft werden die Sexualität beeinflussen wie einst die Antibabypille die sexuelle Freiheit der Frau erhöht hat, indem sie ihr die Angst vor ungewollter Schwangerschaft nahm. Die Kirchen werden früher oder später gezwungen sein, ihre Einstellung zum Thema „Sexualität" zu überdenken. Übrigens war die christliche Kirche auch dazu gezwungen anzuerkennen, dass die Erde rund ist und nicht flach, wie man vor Galilei glaubte. Die Gläubigen selbst können diese Reformen enorm beschleunigen. So beginnen sich die Kirchen in Europa inzwischen zu fragen, weshalb immer mehr Menschen aus der Kirche austreten. Wenn sie möchten, dass sie zurückkommen, müssen sie auf ihre Wünsche reagieren. Selbst die Bevölkerung in wenig industrialisierten Ländern kann die Entscheidung kirchlicher Würdenträger beeinflussen. Als Beispiel möchte ich einen Fall aus Ruanda anführen. In den Sechziger- und Siebzigerjahren des 20. Jahrhunderts wurden Kinder lediger Mütter in Ruanda verachtet und hatten kein Recht auf das Sakrament der Taufe. Zu dieser Zeit gab es mit Sicherheit viele Abtreibungen, selbst in einem fortgeschrittenen Stadium der Schwangerschaft. Zahlen sind nicht bekannt, denn man schwieg über diese Tatsache. Im Laufe der Jahre wagten es manche Mädchen jedoch, ihre Kinder trotz aller damit verbundenen Probleme zur Welt zu bringen. Bis es dann Anfang der Achtzigerjahre so viele waren, dass die Kirche sie nicht länger ignorieren oder ausschließen konnte und sich gezwungen sah, diese Kinder zu taufen. So nahm ich anlässlich eines Besuches in Ruanda im Jahre 1985 in meiner Pfarrgemeinde an Massentaufen für diese Kinder lediger Mütter teil.

Reformen und eine Änderung im Denken sind also durchaus möglich. Möge es schnell geschehen, damit immer weniger Menschen unter einer Erziehung leiden, die sich gegen ein erfülltes Liebesleben richtet.

Lassen Sie uns endlich offen über sexuelle Probleme sprechen!

Übertriebenes Schamgefühl in Bezug auf Sexualität ist meines Erachtens eines der größten Hindernisse auf dem Weg zur Heilung sexueller Störungen. Könnte man freier über Tabuthemen sprechen, könnte man sogar gefährliche sexuelle Praktiken wie „trockenen Sex" (Seite 91 f.), der in manchen afrikanischen Ländern angewendet wird, beenden.

So waren bei einer internationalen Konferenz der *Society for Women and AIDS in Africa* [Gesellschaft für Frauen und Aids in Afrika], die in der ruandischen Hauptstadt Kigali vom 24. bis 28. Juli 2005 stattfand, die Teilnehmer unfähig, offen über Kunyaza und „trockenen Sex" zu sprechen. In dem Bericht im Internet, der den Titel „Popularizing female condoms: Try telling the truth" [Kondome für Frauen bekanntmachen: Versuchen, die Wahrheit zu sagen] hat, kann man Folgendes lesen:

„Ironischerweise musste man feststellen, dass es in der Generalversammlung schwierig war, eine offene Diskussion über die in Ruanda weitverbreitete sexuelle Praktik zu führen, die unter der Bezeichnung

‚Kunyaza' (Klopfen oder Schlagen) bekannt ist, was ‚feuchter Sex' bedeutet und das genaue Gegenteil von ‚trockenem Sex' ist, einer in Afrika ebenfalls sehr verbreiteten Methode. Die Teilnehmer stellten außerdem fest, dass eine offene Diskussion über die beiden sexuellen Praktiken selbst außerhalb der Konferenzsäle unmöglich war."[24]

So müssen Millionen von Menschen ganz einfach deshalb unter ihren sexuellen Problemen leiden, weil diejenigen, die ihnen eigentlich helfen müssten, das heißt die Forscher, nicht in der Lage sind, ihr Schamgefühl zu überwinden.

Doch es handelt sich hierbei nicht allein um ein afrikanisches Problem. Zwar sind die europäischen Länder – wenn man die Menge von Bildern mit sexuellem Inhalt in den Medien betrachtet – stark sexualisiert, doch Scham ist auf diesem Kontinent ebenfalls weit verbreitet. Die folgenden Beispiele sprechen für sich: Jedes Jahr werden in Berlin sogenannte „Gesundheitstage" organisiert, bei denen über verschiedene Krankheiten und Vorbeugungsmaßnahmen zu deren Verhinderung gesprochen wird. Als ich im Jahre 2006 daran teilnahm, gab es eine Diskussion, in der es hauptsächlich um das Thema „erektile Dysfunktion des Mannes" ging. Die meisten Teilnehmer waren Urologen und alle sagten, dass ihre Patienten es nicht wagten, über ihre sexuellen Probleme zu sprechen. Einer der Ärzte beschrieb das für manche Patienten typische Verhalten folgendermaßen:

„Ein Patient kommt in meine Praxis und erzählt mir, dass sein Rücken wehtut und manchmal auch sein Kopf und sein Bauch. Ich horche ihn ab und finde nichts Besonderes. Ich sage also: ‚Ich denke, Sie sind ganz gesund!' Darauf sagt er: ‚Ja, Herr Doktor. Ich habe diese Probleme ja nur manchmal.' Schließlich bitte ich ihn, mich wieder aufzusuchen, falls seine Probleme wieder auftauchen. Er zieht sich an und geht Richtung Tür. Doch bevor er die Tür hinter sich schließt, dreht er sich noch einmal zu mir um und sagt: ‚Herr Doktor, da ist noch etwas …' Er kommt zurück, setzt sich vor mich auf den Stuhl und sagt mit schweißnasser Stirn: ‚Herr Doktor, mein Ding will nicht mehr stehen!'"

Frauen sind auch nicht offener, wenn es darum geht, über ihre sexuellen Probleme zu sprechen. Viele von ihnen bekommen keinen Höhepunkt. Aber in Wirklichkeit geben nur ganz wenige Frauen offen zu, dass sie beim Sex keinen Orgasmus haben. Wenn ich dieses Problem in meinen Seminaren anspreche, gehören die Teilnehmerinnen nie zu den 70 Prozent der Frauen, die nie oder fast nie einen Orgasmus haben! Manche Frauen behaupten sogar, dass diese Statistiken von den Männern manipuliert sind, um die Frauen schlecht zu machen. Das ist natürlich falsch, da die meisten dieser Statistiken von Frauen gemacht wurden. Ich brauche Ihnen nicht zu sagen, dass Probleme sich nicht lösen, wenn man ihre Existenz leugnet. Die Betroffenen werden bis ans Ende ihrer Tage darunter leiden ... Manche Frauen reagieren verärgert, wenn man auf dieses Thema zu sprechen kommt, manche werden sogar wütend. Eigentlich müssten sie sich freuen, dass man sich für ihre Schwierigkeiten und Belange interessiert und sie lösen will, anstatt jede Diskussion abzublocken.

Es ist nicht erstaunlich, dass die Europäer dieselben Probleme mit der Scham haben wie die Afrikaner. Die Afrikaner haben im Prinzip dieselbe Sexualerziehung „genossen", und zwar seit der Verbreitung der christlichen Sexualdoktrin im Zuge der Kolonialisierung des schwarzen Teils des afrikanischen Kontinents durch die Europäer. Sehr wenige sind sich der Tatsache bewusst, dass die Europäer in sexueller Hinsicht vor der Zeit des Christentums viel liberaler waren. Sie praktizierten Religionen, die heute als „heidnisch" bezeichnet werden. Die brutale und blutige Unterdrückung der traditionellen europäischen Religionen fand ihren Höhepunkt im Mittelalter mit der „Hexenverfolgung". Vom sexuellen Standpunkt aus warf man diesen Frauen vor, eine „unersättliche Vagina" zu haben und „widernatürliche" Stellungen, etwa rittlings auf ihrem Partner sitzend, einzunehmen, anstatt die sogenannten „natürlichen" Stellungen wie die Missionarsstellung.

Der Sieg des Christentums über die heidnischen Religionen Europas führte zur Verbreitung der christlichen Vorstellungen von Sexualität in ganz Europa. Diese erreichten im Laufe der Kolonialisierung die afrikanischen und südamerikanischen Länder. Sie wurden in Nordamerika – also in den USA und in Kanada – verbreitet, als die Europäer sich dort ansiedelten, insbesondere die besonders religiösen unter ihnen, denen nahegelegt wurde, den europäischen Kontinent zu verlassen. Infolgedessen ist es heute in mehreren Ländern der Welt unmöglich, entspannt und offen darüber zu sprechen, wie wohltuend Sexualität ist und welche Probleme mit ihr verbunden sind.

Dieses Phänomen der „Scham" ist selbst in nicht christlichen Ländern wie China bekannt. Dieses Land, das wunderbare sexuelle Praktiken hervorgebracht hat, die denen des Tantra gleichen und Bestandteil der taoistischen Religion und Philosophie waren, ist heute puritanischer als viele andere Länder der Welt. Mit der Unterdrückung des Taoismus während der chinesischen Kulturrevolution unter Mao Zedong von 1966 bis 1976 verschwanden auch die taoistischen Sexualpraktiken. Ich konnte mich selbst bei meinem Besuch auf der Frankfurter Buchmesse im Jahre 2006 von dem Schamgefühl der Chinesen überzeugen. Ich traf dort einen chinesischen Verleger und als er mein Werk (in seiner ersten Ausgabe) durchgeblättert hatte, erklärte er mir, dass so etwas in seinem Land nicht möglich sei.

Dabei ist „Sexualität" ein Thema, das die Chinesen – und nicht nur sie – eigentlich interessieren müsste. Jeder braucht sie. Sexualität gehört genauso zum Leben wie Erziehung, Gesundheit, Familie … Doch während man sich über fast alle Lebensbereiche problemlos informieren kann, bleibt die Sexualität ein Tabu. Sexualität ist allerdings ein Bereich, den man erlernt, unser Verhalten in diesem Bereich ist nicht angeboren. Man lernt auch hier aus den Erfahrungen anderer, aber natürlich auch aus den eigenen. Hat man ein sexuelles Problem, so kann man davon ausgehen, dass andere dieses Problem ebenfalls kennen. Wenn man erfährt, wie sie es gelöst haben, kann man davon profitieren und auf lange Sicht sein eigenes Sexualleben verbessern. Anders ausgedrückt: Ein Sex-Ratgeber wie der vorliegende ist wichtig, weil er das Liebesleben vieler Menschen bereichern und damit dazu beitragen kann, dass sie sich wohlfühlen. Damit jedoch *Kunyaza. Multiple Orgasmen und weibliche Ejakulation mit afrikanischer Liebeskunst* und andere Bücher zum Thema „Sex" ihr Ziel erreichen können, ist es unerlässlich, dass die

Tabus überwunden und die Ketten der lustfeindlichen Erziehung gesprengt werden und dass wir wieder lernen, Sex als etwas Natürliches und zur persönlichen Entfaltung Notwendiges zu betrachten.

Die Menschen müssten sich eigentlich freuen, dass sie das Vorrecht genießen, die körperliche Liebe individuell nach Lust und Laune zu praktizieren, ganz im Gegensatz zu den Tieren, deren Sexualität weit mehr durch den Instinkt geregelt ist. Lassen Sie uns also nicht gegen den Willen der Natur handeln, indem wir unserem erfüllten Liebesleben alle möglichen Hindernisse in den Weg stellen: die Angst vor der ewigen Verdammnis; das Schamgefühl; die Idee, dass es etwas Schmutziges sei … Lassen Sie uns endlich eine Sexualität erleben, die so schön ist, wie sie die Natur für uns vorgesehen hat.

Wenn die Erwachsenen nicht in der Lage sind, sich von den Ängsten zu befreien, die ihnen in ihrer Kindheit eingeimpft wurden, müssen sie zumindest dafür sorgen, dass ihren Kindern nicht dasselbe widerfährt. Denn unsere Kinder, die heute in den Medien unentwegt mit Bildern sexuellen Inhalts konfrontiert werden, müssen von ihren Eltern mit den richtigen Informationen zu diesem Thema versorgt werden, sodass sie sich frei entwickeln können. Und wenn Eltern ihren Kindern zu verstehen geben, dass körperliche Liebe etwas Schmutziges ist und etwas, dessen man sich schämen muss, dann wird das zu einem Konflikt führen: Die Kinder leben in einem Widerspruch zwischen dem, was ihre Eltern ihnen sagen, und dem, was eine Gesellschaft sie lehrt, in der Sex allgegenwärtig ist. Und das werden sie kaum verstehen können.

Ich wiederhole: Eine lustfeindliche Erziehung führt bei vielen Menschen zu sexuellen Problemen. Denken Sie nicht, dass man diese Probleme auf die leichte Schulter nehmen kann. Sie können die Persönlichkeit des Einzelnen zerstören und Depressionen verursachen. Lassen Sie uns dafür sorgen, dass sexuelle Probleme erst gar nicht entstehen, und deshalb sollten wir unseren Kindern eine adäquate Sexualerziehung zuteil werden lassen.

VII.

Ist Kunyaza eine universelle Methode?

Eine wahre Geschichte

Marion entdeckt die Wohltaten des Kunyaza – in Luxemburg

Vor drei Tagen ist Marions Freund mit ihrer besten Freundin durchgebrannt. Und so geht es ihr heute Abend nicht besonders gut. Um ihren Kummer zu vergessen, geht sie in ein Bistro. Dort lernt sie Simon kennen, der aus Burundi stammt und vorübergehend in Luxemburg ist. Er erzählt ihr, dass er hier gerade ein Praktikum bei einer Bank macht. Das Gespräch beginnt zurückhaltend, wird aber im Laufe des Abends und mit ein bisschen Alkohol entspannter. Simon ist nett und freundlich und so erzählt ihm Marion schweren Herzens, dass ihre Freundin ihr den Freund ausgespannt hat. Simon staunt und gesteht ihr, dass er vor seiner Abreise nach Luxemburg in seinem Heimatland eine ähnliche Erfahrung gemacht habe. Durch diese Gemeinsamkeit beginnen sich die beiden näherzukommen … Die Nacht ist schon recht fortgeschritten, als sie sich plötzlich in den Armen liegen. Als sie die Bar verlassen, kommt nach einem Augenblick des Zögerns die Frage: „Gehen wir zu dir oder zu mir?“ Sie gehen in Simons Hotel, das ganz in der Nähe liegt. Die Entscheidung fällt leicht, da Marion etwas angetrunken ist und nicht mehr Auto fahren kann.

Die Eingangshalle des Hotels ist leer, sodass ihnen fragende Blicke und unangenehme Fragen erspart bleiben. Als sie sich ins Bett legen, tut Marion so, als wolle sie keinen Sex. Simon, der vom Gegenteil überzeugt ist, spielt mit und stellt sich schlafend. Nach einigen Minuten schnarcht er. Marion klopft ihm auf die Schulter und meint wütend:

„Du Idiot, du liegst mit einer schönen Frau im Bett und schläfst einfach ein!“

„Ich dachte, du willst keinen Sex“, antwortet Simon naiv.

„Du kleiner Idiot, du verstehst wohl die Sprache der Frauen nicht? Warum bin ich deiner Ansicht nach mitgekommen? Was soll ich deiner Meinung nach tun? Mich ausziehen, die Beine spreizen und sagen:

‚Bitte schön.'"

„Ich verstehe. Wenn du willst, können wir es tun, aber unter einer Bedingung."

„Und die wäre?", fragt Marion.

„Wir machen es so, wie wir es in Afrika machen."

Marion zögert nicht lange.

„Einverstanden. Ich bin neugierig, wie es bei euch in Afrika geht." Ihre Stimme verrät Ungeduld.

So lernt Marion Kunyaza kennen. Da Sie über diese Methode inzwischen ebenfalls Bescheid wissen, können Sie sich denken, dass Marion intensive Orgasmen hatte und ihre erste Ejakulation erlebte. Mit einer so wundervollen Erfahrung hat sie nicht gerechnet. Sie fühlt sich so zufrieden und erleichtert, dass all der Kummer der letzten Tage mit einem Mal vergessen ist. Natürlich musste sie ihre Erfahrung mit jemandem teilen. Schon am nächsten Morgen spricht sie mit ihrer Freundin Céline, mit der sie gemeinsam eine kleine Boutique hat, da-rüber. Als Céline Marion an diesem Morgen in den Laden kommen sah, wusste sie sofort, dass etwas passiert war. Die Traurigkeit der letzten Tage war aus Marions Gesicht verschwunden. Marion stieß die Tür mit der Energie einer Löwin auf und sie strahlte.

„Na, meine Liebe, was ist passiert?!", rief Céline aus.

„Ich muss dir was Tolles erzählen!", antwortete Marion.

„Erzähl! Ich will alles wissen."

„Céline, ich fühle mich fabelhaft. Die Enttäuschung der letzten Tage ist verflogen. Die Demütigung, die mir Jacques zugefügt hat, ist verflogen. Ich spüre sie nicht mehr! Übrigens habe ich ihn mir endgültig aus dem Kopf geschlagen. Ich habe gestern jemanden getroffen ..."

„Herzlichen Glückwunsch. Und was war daran so toll?"

„Ja, aber du hast nicht erlebt, was ich erlebt habe! Der Sex mit ihm, das war … einfach unglaublich! Ich weiß, dass wir noch nie ernsthaft darüber gesprochen haben, aber ich würde dir gern eine Frage stellen. Und bitte antworte mir ganz offen ..."

„Frag schon. Ich werde so offen wie möglich sein."

„Wenn du mit einem Mann schläfst, hast du dann immer einen Orgasmus?"

„Ganz ehrlich? Nein. Meistens tu ich so, als ob."

„Ja, ich auch. Aber stell dir vor, gestern war es anders. Es ging wie von selbst. Und nicht nur so … ein bisschen! Ich bin fast verrückt geworden vor Verlangen und Lust. Mein Körper stand unter Strom. Ich wusste nicht mehr, wo ich war. Und meine ganze innere Anspannung hat sich gelöst. Noch nie habe ich mich so befreit und so glücklich danach gefühlt!"

Marions Begeisterung lässt Céline lachen.

„Das sieht man. Ich bin fast neidisch. Dein Gesicht strahlt so, dass man dich kaum wiedererkennt."

„Oh Céline, du hast keine Ahnung, wie toll das war. So macht keiner bei uns Liebe. Da ist nicht nur der Orgasmus, weißt du. Dabei ist so viel Flüssigkeit aus mir herausgeströmt. Ich weiß nicht, was das war, aber es war einfach unglaublich! Es floss und floss und es wollte einfach nicht aufhören. Ich war wie ein kleiner aktiver Vulkan, der in aufeinanderfolgenden Wellen Lava ausspuckt."

Céline stieß einen bewundernden Pfiff aus.

„Jetzt bin ich wirklich neidisch. Das klingt ja unglaublich. Ich würde auch gern einmal so etwas erleben …"

„Nun ja … Ich habe an dich gedacht. Nächstes Wochenende werden wir ihn besuchen, meinen neuen Liebhaber. Und ich habe eine Überraschung für dich. Warte es ab!"

Am Wochenende haben die beiden Freundinnen eine Verabredung in Simons Hotel. Als sie in sein Hotelzimmer kommen, wundert sich Céline: Marions neuer Freund ist schwarz und er ist nicht allein. Ein weiterer Afrikaner – er kommt aus Ruanda – ist auch da. Sie kommen rasch ins Gespräch. In den nächsten Tagen bildeten sich zwei Paare und Céline macht ebenfalls ihre erste Erfahrung mit Kunyaza. Sie ist genauso begeistert wie ihre Freundin. Die beiden Paare treffen sich fast jeden Abend, bringen einander kleine Geschenke mit und schenken sich außerdem gegenseitig ihre Aufmerksamkeit. Nach drei Monaten müssen die Afrikaner in ihre Heimat zurückkehren. Die Frauen bringen ihre Geliebten zum Flughafen in Brüssel. Beim Abschied weinen sie. Aber die Geschichte von Marion und Simon ist hier nicht zu Ende …

Vier Monate später ruft Marion Simon an und sagt ihm, dass ein Herr Montagnard, ein Freund von ihr, eine Botschaft für ihn habe. Er sei im Hotel Paguidas in Bujumbura, der Hauptstadt von Burundi. Sie bittet Simon, in das Hotel zu gehen und ihren Freund dort zu treffen. Simon lässt sich nicht lange bitten … er steigt in sein Auto. An der Rezeption des Hotels ruft man Herrn Montagnard an und informiert ihn, dass er Besuch habe. Simon wird gebeten, nach oben in das Hotelzimmer zu gehen. Er fragt sich, was für eine Botschaft das wohl sein kann ... Er klopft an die Zimmertür. Keine Antwort. Da geht die Tür auf und eine Stimme flüstert leise durch den Türspalt:

„Herrn Montagnard gibt es nicht, nur mich.“

Simon kann es nicht fassen. Marion lässt ihn eintreten und gibt ihm keine Zeit, sich zu wundern. Sie trägt nur einen Bademantel … sie öffnet ihn ein wenig und lässt ihn einen Blick auf ihre Vulva erhaschen, wobei sie sagt:

„Wir beide sehnen uns nach dir. Bist du bereit?“

Aber Simon ist nicht bereit.

„Marion, du kannst nicht einfach so hierherkommen und von mir verlangen, dass ich mit dir schlafe. Ich bin doch keine Maschine! Ich muss mich doch darauf einstimmen und dafür brauche ich eine geeignete Atmosphäre.“

„Mach dir darüber keine Gedanken“, entgegnet Marion, die den Telefonhörer in die Hand nimmt und die Rezeption anruft. „Können Sie uns bitte eine Flasche Champagner auf mein Zimmer bringen?“

Kaum haben die beiden ein Glas getrunken, da will Marion auch schon zur Sache kommen. Simon lässt sich zuerst ein wenig bitten, dann aber schließlich doch überzeugen … und sie haben Sex miteinander, so wie man ihn in Burundi macht. Danach liegen sie völlig entspannt zusammen auf dem Bett. Nach einiger Zeit sieht Marion Simon an.

„Lass uns miteinander reden."

„Was hast du auf dem Herzen, Marion?"

„Hör zu, Simon. Wir verstehen uns körperlich gut. Wir sind beide allein. Wir beide wurden von unseren früheren Partnern verlassen. Warum sollten wir nicht heiraten?"

Bei dem Wort „heiraten", zuckt Simon zusammen. Marion wundert sich.

„Was ist los? Ist etwas nicht in Ordnung?"

„Marion, ich muss dir etwas Wichtiges sagen, und ich hoffe, dass du nicht böse bist."

„Sag mir nicht, dass du verheiratet bist und mich von Anfang an belogen hast!"

„Doch. Ich bin schon verheiratet."

„Ihr Männer seid doch alle gleich! Weiß, schwarz, gelb, blau – es gibt keinen Unterschied. Ihr seid alle Schweine!"

Marions Wut und ihr Kummer sind aufrichtig.

„Aber Marion, du musst mich verstehen."

„Dich verstehen? Und was ist mit mir? Ich bin Tausende von Kilometern gereist, um dich zu treffen. Wer versteht mich?", antwortet sie wütend.

„Wenn du dich beruhigen könntest, könnten wir uns vernünftig unterhalten."

„Was für Lügen willst du mir jetzt auftischen?"

Simon nimmt sich Zeit, um sie zu beruhigen. Schließlich, als sie ein wenig ruhiger wird, fährt er fort:

„Schau, Marion. Wenn ich dir von Anfang an gesagt hätte, dass ich verheiratet bin, wärst du nicht mit mir ins Hotel gegangen. Das wäre sowohl für dich als auch für mich schade gewesen. Für mich, weil ich dich sympathisch fand und Lust hatte, mit dir zu schlafen. Und für dich, weil du nie Gelegenheit gehabt hättest, unsere besondere Form der körperlichen Liebe kennenzulernen. Es hat dir doch gefallen, oder etwa nicht?"

Marion antwortet nicht. Sie starrt an die Zimmerdecke und denkt nach. Nach einigen Minuten des Schweigens kann sie Simon wieder in die Augen sehen.

„Simon, du hast recht. Der Sex mit dir war wundervoll. Ich bereue das sicherlich niemals. Gerade eben war es auch fantastisch."

„Wenn es so ist, müssen wir eine vernünftige Lösung finden."

„Was für eine Lösung?", fragt Marion, schon halb versöhnt.

„Na ja, eines ist jedenfalls klar … Ich will meine Frau und meine beiden Kinder nicht verlassen. Und ich will meine Frau nicht länger betrügen. Das bedeutet, dass wir unser Verhältnis beenden müssen und dass du dir einen anderen Liebhaber suchen musst. Ich bin sicher, dass du einen guten finden wirst – einen, der auch so Liebe macht wie wir in Burundi. Viele Landsleute von mir leben in Europa, gerade in Belgien. Du wirst sicherlich nicht lang allein bleiben!"

Marion denkt einen Augenblick nach, dann sagt sie:

„Wenn du deine Familie so liebst und deine Frau nicht verlassen wirst, will ich nicht versuchen, deine Meinung zu ändern. Ja, es tut mir sehr weh und ich finde es schade, weil ich in dich verliebt bin. Doch was man nicht ändern kann, damit muss man sich abfinden. Einen anderen finden – hmmmmm ... Ich hoffe, dass du recht hast, dass ich jemand anderen kennenlernen werde."

Marion bleibt drei Wochen in Burundi und reist mit Simon gemeinsam durch das Land. Am Ende ihres Aufenthalts hat sie die Situation akzeptiert. Sie verabschiedet sich jedoch nur vorläufig von Burundi. Schon ein Jahr später lernt sie, wie Simon es vorhergesagt hat, in Belgien einen Mann aus Burundi kennen, den sie heiratet und mit dem sie in dieses Land zurückkehrt.

Leserbriefe

Eine Methode, die von den Lesern freudig aufgenommen wurde

Die erste deutsche Ausgabe des vorliegenden Werkes erschien im September 2005 unter dem Titel *Weiblicher Orgasmus und weibliche Ejakulation dank afrikanischer Liebeskunst.* Ich freue mich, dass sie inzwischen von vielen Menschen gelesen wurde, die Kunyaza dann auch selbst anwendeten. Ich wünsche mir, dass auch Sie, liebe Leserinnen und liebe Leser der vorliegenden Neuausgabe, das, was Sie hier erfahren haben, in die Praxis umsetzen.

Die Leserinnen und Leser der vorhergehenden Ausgabe haben mir auf meiner Homepage Nachrichten hinterlassen und mir E-Mails geschickt und mich auf diese Weise an den Erfahrungen, die sie mit Kunyaza gemacht haben, teilhaben lassen. Einige dieser Beiträge möchte ich Ihnen an dieser Stelle nicht vorenthalten:

Ein voller Erfolg! 05.07.2006

Kunyaza zu lernen hat sich gelohnt. Mehr als ein Liter Vaginalflüssigkeit in meinem Bett ... Ich musste alles neu kaufen: die Matratze, die Betttücher und später auch das Bett. Was soll man unter solchen Umständen tun? Seither lieben wir uns nur noch in der Badewanne oder unter der Dusche!

Dr. Otto (Arzt)

Danke 09.08.2006

Ich möchte Ihnen für dieses Buch danken. Es enthält eine Fülle von Informationen und es ist wirklich absolut faszinierend, Kunyaza auszuprobieren. Meine Frau und ich haben diese afrikanische Liebeskunst sehr genossen. Ich freue mich, dass dieses Buch geschrieben wurde.

Andreas

Kunyaza 17.09.2006

Lieber Dr. Bizimana, ein Freund hat in einer E-Mail den Begriff „Kunyaza“ erwähnt. Ich bin auf Ihr Buch gestoßen und habe es begeistert gelesen. Die von Ihnen beschriebene Technik ähnelt der, die meine Frau und ich seit einigen Jahren praktizieren und die wir selbst entwickelt haben. Tatsächlich war die weibliche Ejakulation nicht unser Ziel, sie geschieht einfach, wenn meine Frau sehr erregt ist und multiple Orgasmen hat. Um selbst ein wenig zum Erfolg von Kunyaza beizutragen, habe ich einen Artikel zu diesem Thema bei *Wikipedia Norwegen* ins Internet gestellt. Darin habe ich Ihr Buch zitiert. Schade, dass es diesen Artikel noch nicht auf Englisch und Deutsch[25] gibt.

Axel (Elektroingenieur, 60 Jahre alt, aus Norwegen)

Eine wunderbare Technik 18.09.2006

Es ist wirklich schade, dass einige Europäer noch immer daran zweifeln, dass diese Methode wirkungsvoll ist. Um ehrlich zu sein, habe ich selbst nicht daran geglaubt, bevor ich sie ausprobierte!

Abdul Mugabo (Deutscher Staatsbürger ruandischer Herkunft)

Ich habe es ausprobiert! 21.09.2006

Ich habe Ihr Buch gelesen, mit meiner Frau darüber gesprochen, und dann haben wir die Methode in den unterschiedlichen Stellungen ausprobiert. Es war super! Und zwar für uns beide! Ich selbst wurde nicht müde und die Lust kehrte immer wieder schnell zurück. Diese Liebeskunst ist es wirklich wert, dass man sie ausprobiert!

Stephan

Danke, Dr. Bizimana 26.11.2006

Ein Glück, dass es Ruanda gibt. Sonst hätte ich die wundervolle Praxis des Kunyaza nicht kennengelernt.

Florian

Ihr Buch 05.02.2007

Lieber Dr. Bizimana, ich habe Ihr Buch mit großem Vergnügen gelesen. Erlauben Sie mir einige Kommentare. Die von Ihnen beschriebene Methode ist sehr eindrucksvoll, doch sie ist vor allem sehr hilfreich! Ihre anatomischen Beschreibungen sind sehr genau, und leider gibt es viele Männer (und Frauen!), die die weiblichen Geschlechtsteile nicht wirklich kennen. Ich möchte Ihnen danken; Kunyaza ist eine Bereicherung für die Gesellschaften im Westen, denn das Hauptziel der körperlichen Liebe ist doch der Höhepunkt, und diese Methode trägt viel dazu bei, dass man ihn erreicht. Würden mehr Menschen in unserer Gesellschaft diese Methode praktizieren, so gäbe es weniger Frustrationen im Bett, weniger vorgetäuschte Orgasmen und vielleicht weniger Trennungen und Scheidungen. Wie Sie selbst sagen: Befriedigenden Sex zu haben ist eines der schwierigsten Dinge der Welt. Um Kunyaza erfolgreich zu propagieren, müssen Sie Überzeugungsarbeit leisten. Vor einigen Jahren hatte ich eine Freundin, die zu den „Schnellen" gehörte und große Mengen an Flüssigkeit ausstieß. Sie brauchte viel Überzeugungskraft, bis ich glaubte, dass es sich bei dieser Flüssigkeit um Ejakulat handelte ... und nicht um Urin.
Dr. Weiner (Psychotherapeut aus Österreich)

Kunyaza 10.02.2007

Ich bin froh, dass ich Ihre Homepage besucht habe. Ich bin eine verheiratete Frau und heute überglücklich. Die Methode des Kunyaza ist ausgezeichnet. Mit ihrer Hilfe habe ich Orgasmen über Orgasmen bis zur völligen Erschöpfung!
Julia (Dänische Staatsbürgerin burundischer Herkunft)

Erfahrungen eines Belgiers mit Kunyaza 19.07.2009

Ich habe das Vergnügen gehabt, die Praxis von Kunyaza mit einer ruandischen Freundin zu entdecken. Ich habe neulich Ihr Buch [die französische Fassung] gelesen und ich kann alles, was Sie über die Möglichkeiten schreiben, die Kunyaza bietet, nur bestätigen.

Meine Partnerin weihte mich erst in diese wunderbare Technik ein, als wir uns schon einige Monate kannten, denn sie muss sich in der neuen Partnerschaft ganz sicher und wohlfühlen, um mit dem Mann – der in diesem Fall ich war – ejakulieren zu können. Ich muss zugeben, dass ich zu Beginn von der Technik nicht begeistert war. Ich war überrascht, so viel warme Flüssigkeit auf meinen Penis zu bekommen. Und ich hatte das Gefühl, ein Objekt zu sein, ein Vibrator im Dienst ihrer Lust. Ich muss allerdings sagen, dass ihre Reaktionen total ekstatisch und von einem außergewöhnlichen Lustempfinden begleitet waren. Sie konnte leicht mehr als einen halben Liter ejakulieren. Um unsere Matratze zu schonen, mussten wir mehrere gefaltete Handtücher verwenden. Schließlich habe ich die Kunyaza-Methode Schritt für Schritt zu schätzen gelernt.

Ich will ihre Vorteile hier nicht aufzählen. Ich möchte Ihnen meine Kritik mitteilen. Was mich als Mann bei Kunyaza frustriert, ist die Tatsache, dass eine Frau mehr Spaß bei der Anwendung dieser Technik hat als bei der Penetration – das war mit meiner Partnerin jedenfalls so. Die anschließende Penetration war für sie nicht mehr so toll, weil die vorherige Anwendung von Kunyaza ihr bereits so viel Vergnügen bereitet hatte. Deshalb haben wir es nur gelegentlich praktiziert. Wenn beide Partner bereits ein erfülltes Sexualleben haben und mit der Penetration einen Orgasmus erreichen können, sollten sie Kunyaza nicht immer anwenden. Ich finde, dass beide Partner mit der Penetration mehr davon haben, denn der Genuss, den die Frau mit Kunyaza erlebt, und ihr Orgasmus sind individueller und sie hat ihn nicht gleichzeitig mit dem Mann, so wie es bei dem Orgasmus in der Scheide sein kann. Hinzu kommt, dass die Penetration den Vorteil hat, dass sie den Liebenden das Gefühl eines unvorstellbar wundervollen Verschmelzens gibt. Ich würde sagen, dass Kun-yaza eine ausgesprochen wirksame Technik ist, wenn es darum geht, der Frau Lust zu bereiten – allerdings fördert es mehr ihre Lust als die gemeinsame.

Heute habe ich eine andere ruandische Partnerin, die sich mit

Kunyaza nicht auskennt, und wir kommen leicht gemeinsam zum Orgasmus. Ich weiß nicht genau, ob ich Kunyaza mit ihr praktizieren will, denn ich habe Angst davor, dass sie diese Technik mehr genießt als die Penetration. Eine burundische Bekannte, die Kunyaza praktiziert, hat mir bestätigt, dass sie beim Sex keine Penetration mehr hat, seitdem sie Kunyaza kennt. Das ist wohl das einzige Risiko, dass es meiner Erfahrung nach bei dieser wundervollen Technik gibt, und ich wollte, dass Sie darüber Bescheid wissen.
Emmanuel (Belgier)

Beschnittene Frauen – ein Sonderfall

Bevor ich Anfang der Siebzigerjahre des letzten Jahrhunderts nach Deutschland kam, hatte ich nie von der Beschneidung von Frauen in Afrika gehört. Und wenn ich gelegentliche Anspielungen auf dieses Thema hörte, fühlte ich mich keineswegs betroffen. Erst im Jahre 2000, nachdem ich das Buch *Wüstenblume* von Waris Dirie, dem ehemaligen Top-Model aus Somalia, gelesen hatte, habe ich mich endlich aktiv für die Abschaffung der Beschneidung von Mädchen eingesetzt. Die Autorin beschreibt in ihrem Buch zutiefst ehrlich nicht nur die schweren gesundheitlichen Probleme, die mit der Beschneidung von Frauen verbunden sind und die zum Tod führen können, sondern auch die daraus entstehenden sexuellen Probleme. Hierzu schreibt sie Folgendes:

„Neben den gesundheitlichen Problemen, mit denen ich noch immer zu kämpfen habe, werde ich niemals eine lustvolle Sexualität erleben. Ich fühle mich unvollständig, behindert, und ich weiß, dass ich nichts dagegen tun kann; das gibt mir ein Gefühl der Ohnmacht. Als ich Dana kennenlernte und mich in ihn verliebte, wollte ich ein erfülltes Liebesleben mit ihm haben. Aber wenn mich heute jemand fragt: ‚Gefällt dir Sex?‘, muss ich antworten: ‚Nicht so wie anderen Menschen. Es gefällt mir, dass ich Dana körperlich nahe bin, weil ich ihn liebe.‘“[26]

Dass ich mir erst spät der mit der Frauenbeschneidung verbundenen Probleme bewusst wurde, das liegt auch daran, dass diese Praxis in Ruanda unbekannt ist. Doch besser spät als nie! Seit ich mich über das Thema informiert habe, wollte ich wissen, wie ich den betroffenen Frauen helfen kann, vor allem, damit auch sie sexuelle Lust erfahren können.

In erster Linie muss man die jungen Mädchen, die noch keine Verstümmelung ihrer Genitalien erlitten haben, davor schützen. Deshalb unterstütze ich alle Bemühungen zur Abschaffung dieser archaischen und unmenschlichen Praxis voll und ganz. Ich freue mich, dass die Kampagnen, die weltweit durchgeführt werden, erste Früchte tragen. Vielen Frauen in Afrika bleibt dieses Schicksal dadurch erspart. Doch was kann man für Frauen wie Waris Dirie tun, die dieses Glück nicht hatten? Ich habe darüber nachgedacht und bin zu dem Schluss gekommen, dass Kunyaza ihnen vielleicht helfen könnte. Meine Überzeugung beruht auf folgenden Überlegungen:

Im Verlauf meiner Interviews habe ich Aussagen von Männern gesammelt, die aus Ländern stammen, in denen kleine Mädchen beschnitten werden. Sie haben mir gesagt, dass sie Kunyaza erfolgreich bei beschnittenen Frauen angewendet hätten und dass es auch bei diesen Frauen die bekannten Wirkungen gehabt habe: Orgasmen und Ejakulation.

Meine medizinischen Kenntnisse haben mich eine wissenschaftliche Erklärung finden lassen, warum Kunyaza auch bei beschnittenen Frauen wirksam ist. Bei der Beschneidung von Frauen werden im Allgemeinen die kleinen Schamlippen und bestimmte Teile der Klitoris verstümmelt. Die anderen erogenen Zonen der Frau (der größte Teil der Klitoris, insbesondere die unsichtbaren Teile, der Scheidenvorhof, der Bereich um die äußere Harnröhrenöffnung und die Harnröhre selbst) bleiben unverletzt. Da mithilfe von Kunyaza auch diese Organe stimuliert werden, wird der Körper beschnittener Frauen wie der anderer Frauen reagieren ...

Es ist also nicht das Schicksal beschnittener Frauen, dass sie für immer sexuell unbefriedigt bleiben müssen. Meine Herren, wenn Ihre

Frau dieses Trauma erlitten hat, bitte ich Sie inständig, es mit Kunyaza zu versuchen. Sie haben dabei nichts zu verlieren … und können alles gewinnen. Meine Damen, wenn Sie beschnitten wurden, überwinden Sie Ihre Scham und fordern Sie Ihre Partner dazu auf, mit Ihnen Kunyaza zu praktizieren.

Unabhängig davon, ob die Bestrebungen zur Abschaffung der Frauenbeschneidung erfolgreich sein werden, möchte ich davor warnen, Frauen, die solche Misshandlungen erlitten haben, zu diskriminieren. Sie sind nicht verantwortlich für die Traditionen, die in ihrem Heimatland angewendet werden. Natürlich muss etwas getan werden, um diesen Brauch vollständig zu beseitigen, aber das gibt uns nicht das Recht, uns überlegen zu fühlen. Tatsächlich kann kein Land der Welt behaupten, dass es im Verlauf seiner Geschichte keine schlechten Traditionen gehabt hätte. (Übrigens wurde in Europa im Mittelalter zur Behandlung verschiedener Frauenkrankheiten – darunter eine Krankheit, die als „Hysterie“ bezeichnet wurde – die Klitoris entfernt.)

VIII.

Und was auch nicht fehlen sollte …

Gukuna

In den Ländern, in denen Kunyaza traditionell praktiziert wird, ist dieser Brauch eng mit einem anderen verbunden: mit dem des Gukuna. Dabei handelt es sich um eine Praktik, bei der die kleinen Schamlippen verlängert und verdickt werden. Junge Mädchen (im Allgemeinen ab acht Jahren) dehnen ihre kleinen Schamlippen, indem sie sie von oben nach unten und seitlich nach links oder rechts ziehen. Dazu verwenden sie eine spezielle Creme, die verschiedene Pflanzenteile enthält, die dafür sorgen, dass die kleinen Schamlippen nicht nur länger, sondern auch dicker werden. Das tun sie täglich etwa drei bis vier Jahre lang, oft auch in Gruppen. Nach dieser Zeit sind die kleinen Schamlippen etwa fünf bis sechs Zentimeter lang. Das ist die Länge, die die kleinen Schamlippen haben „sollten". Die Vulva mit verlängerten Schamlippen sieht wie eine Rose aus.

Gukuna wird praktiziert, weil die Frauen davon ausgehen, dass gut entwickelte kleine Schamlippen den Männern mehr Lust bereiten. Und gut entwickelte kleine Schamlippen können tatsächlich sexuell sehr stimulierend sein. Trotzdem kann man nicht kategorisch behaupten, dass eine Frau mit langen und dicken kleinen Schamlippen sexuell interessanter sei als eine Frau mit kurzen und dünnen. Die Lust, die Mann und Frau beim Sex empfinden, hängt von vielen anderen Faktoren ab, wie beispielsweise dem Temperament, den Verführungskünsten und so weiter.

Was die Körperteile anbelangt, die eine sexuell anregende Wirkung haben, so muss gesagt werden, dass hier auch die Erziehung eine große Rolle spielt. Männer, die in Ländern, in denen Kunyaza praktiziert wird, brauchen viel Zeit, um zu akzeptieren, dass eine Frau mit kurzen und dünnen Schamlippen genauso viel oder sogar noch mehr Lust schenken kann wie eine Frau mit verlängerten kleinen Schamlippen. Denn sie wurden in dem Glauben erzogen, dass eine Frau, die kein Gukuna praktiziert hat, keine richtige Frau sei.

Die Rolle, die die Erziehung bei der Entstehung sexueller Vorlieben spielt, werden am Beispiel der weiblichen Brüste sehr deutlich. Im

Westen sind die Brüste der Frau etwas Erotisches. Sie werden vor dem Blick anderer verborgen – ganz anders in Afrika: Hier wird die Brust der Frau nur so lange verhüllt, bis sie ihr erstes Kind geboren hat. Anschließend bleiben ihre Brüste unbedeckt. So sieht man in Afrika viele Frauen, die ihr Kind in der Öffentlichkeit stillen.

Obwohl es von der jeweiligen Kultur abhängt, welche Körperteile eine erotische Wirkung haben, hat Gukuna, ganz objektiv gesehen, einen positiven Aspekt: Die Mädchen beschäftigen sich jeden Tag mit ihrer Sexualität, die sie später leben werden, und haben dann als Frauen eine selbstverständlichere und freiere Einstellung zu ihrem Körper und zum Sex, als wenn sie mit der Vorstellung erzogen werden, Sex sei etwas Schmutziges. Sie haben weniger Scham und weniger Hemmungen.

So unglaublich das klingen mag: Ich habe im Rahmen meiner Workshops eine Frau getroffen, die sich aufgrund ihrer streng katholischen Erziehung erst im Alter von fünfzehn Jahren überhaupt bewusst wurde, dass sie eine Vagina hat. Ich muss sie nicht extra darauf hinweisen, dass so etwas bei Frauen, die Gukuna praktiziert haben, undenkbar ist. Sie kennen Ihren Körper sehr genau – von den kleinen Schamlippen über ihre großen bis hin zu ihrer Vagina und ihrer Klitoris.

Zusammenfassend möchte ich noch einmal betonen, dass die verlängerten kleinen Schamlippen aus kulturellen Gründen sehr anregend für die Männer aus den Ländern sein können, in denen Kunyaza praktiziert wird. Wie Sie im Kapitel VII „Ist Kunyaza eine universelle Methode?“ (Seite 127 ff.), nachlesen können, sind sie allerdings keine Voraussetzung für die erfolgreiche Anwendung von Kunyaza.

Gukuna und Kunyaza im Wandel der Zeit

Die verschiedenen afrikanischen Traditionen haben Veränderungen erfahren, die mehr oder weniger stark durch ihren Kontakt mit anderen Kulturen beeinflusst wurden. Und so haben sich auch Gukuna und Kunyaza verändert.

Der größte Gegner der Gukuna-Methode in Ruanda und Burundi war die katholische Kirche. Als die Missionare erfuhren, dass die Mädchen Gukuna anwendeten, waren sie empört und verboten ihren Anhängerinnen, das weiterhin zu tun. Sie sagten, dass man den menschlichen Körper nicht berühren dürfe, und waren der Auffassung, man müsse den Körper so lassen, wie Gott ihn geschaffen habe. Für sie war Gukuna eine heidnische Sitte, die es auszurotten galt.

Trotz aller Anstrengungen konnte die katholische Kirche Gukuna kein Ende setzen. Es ist – mit ein paar Ausnahmen, die die Regel bestätigen – in den Ländern, in denen Kunyaza als klassische Methode der körperlichen Liebe praktiziert wird, immer noch verbreitet. Sogar bei den Afrikanern, die ins Ausland wie etwa nach Europa oder in die USA ausgewandert sind, hat sich diese Tradition erhalten. Über die Situation in Uganda gibt uns Sylvia Tamale in ihrer Studie Aufschluss:

„Als ich mit dieser Studie begann, dachte ich, diese Sitte sei im Aussterben begriffen. Dann habe ich jedoch entdeckt, dass diese Tradition nicht nur immer noch sehr lebendig war und in großem Umfang in den städtischen Gebieten und den Randgebieten um Kampala praktiziert wurde, sondern auch von Frauen angewendet wurde, die nicht der Volksgruppe der Baganda angehörten, und sogar von Frauen europäischen Ursprungs. Allerdings haben viele junge Frauen, die in der Stadt leben, sich entschieden, diese überlieferte Praktik nicht mehr anzuwenden, da sie sie als ‚sinnlos und primitiv' betrachteten. Sie ist für die meisten jungen Frauen in den Städten kein Zwang mehr, trotzdem bleibt sie mit Sicherheit eine tief verwurzelte Tradition, insbesondere in adeligen Familien der Baganda."[27]

In den Ländern, in denen Kunyaza praktiziert wird, ist die Abkehr von der Gukuna-Praktik bei einer Randgruppe der städtischen Bevölkerung nicht ausschließlich auf die Haltung der christlichen Kirche zurückzuführen, sondern viel allgemeiner auf den Kontakt mit der westlichen Kultur und die Globalisierung. Diese neue Situation hat zu einer Lockerung der Sitten auf jedem Gebiet geführt, einschließlich Gukuna.

In Ruanda hat Gaspard Musabyimana[28] eine ähnliche Entwicklung beobachtet wie in Uganda: Hier wird Gukuna nicht mehr so gewissenhaft praktiziert; Mädchen, die diese Praktik nicht anwenden, sind keine Außenseiter mehr und haben auch keine Schwierigkeiten mehr, einen Ehemann zu finden. Ein anderer Faktor, der in Ruanda und Burundi zu Veränderungen geführt hat, was Gukuna anbelangt, ist die sozio-ökonomische Entwicklung dieser Länder. Aufgrund der Überbevölkerung wurde mehr und mehr Buschland landwirtschaftlich genutzt und verschiedene Pflanzen- und Tierarten, die zur Herstellung der Gukuna-Creme verwendet wurden, gibt es nun nicht mehr. Und den Mädchen, die ins Ausland ausgewandert sind, stehen die traditionellen Zutaten für diese Creme ebenfalls nicht zur Verfügung.

Kunyaza hat ebenfalls eine gewisse Veränderung erfahren. Ich habe bereits weiter oben erwähnt, dass ich bei meinen Umfragen Menschen aus Ruanda getroffen habe, die Kunyaza nur noch vom Hörensagen kannten – es waren vor allem überzeugte Katholiken. An dieser Stelle möchte ich Ihnen noch zwei konkrete Beispiele geben.

Einer meiner ruandischen Freunde, der in Deutschland lebt, seit über zwanzig Jahren verheiratet ist und fünf Kinder hat, hat sich die erste Ausgabe dieses Buches gelesen. Als ich ihn ein paar Wochen später anrief, um ihn zu fragen, was er davon halte, gestand er mir begeistert, dass er bereits begonnen habe, Kunyaza zu praktizieren! Und die positiven Wirkungen von Kunyaza hatten sich wie erwartet eingestellt: Seine Frau hatte Orgasmen und ejakulierte.

Ein anderer Mann – er war fünfundzwanzig Jahre alt – schrieb mir eine E-Mail aus Südafrika, nachdem er zufällig auf meine Website gestoßen war:

„Ich wusste nicht, wie ich Kunyaza lernen sollte, aber jetzt bin ich total erleichtert, weil Sie mir vielleicht helfen können. Ich stamme aus Ruanda und möchte eine ruandische Frau heiraten. Aber ich möchte sie nicht enttäuschen, und das könnte passieren, wenn sie feststellt, dass ich sie nicht auf „ruandische Art“ zum Orgasmus bringen kann. Können Sie mir genauere Informationen schicken?“

An diesen beiden Beispielen können Sie sehen, dass auch Menschen aus dem Kulturkreis, in dem Kunyaza traditionell praktiziert wird, von diesem Buch zum Thema „Kunyaza" profitieren können, denn heute haben sie in manchen Fällen keine Gelegenheit mehr, diese Methode kennenzulernen.

Kunyaza in Zeiten von AIDS

Im Zeitalter von Aids möchte ich dieses Buch nicht abschließen, ohne die Frage anzusprechen, ob bei dieser Methode der körperlichen Liebe AIDS übertragen werden kann oder nicht. Ich nehme diese schreckliche Krankheit sehr ernst. Sie hat Millionen Menschen das Leben gekostet. Ich habe selbst viele Freunde und Verwandte verloren, von denen einige zur gleichen Zeit wie ich in Deutschland studiert haben. Leider kann Kunyaza die Übertragung des AIDS-Virus begünstigen, da die Frauen dabei viel Sekret ausstoßen. Deshalb empfehle ich Ihnen diese Methode nur dann, wenn Sie ein Liebespaar sind und Sie selbst und Ihr Partner beziehungsweise Ihre Partnerin keine außerehelichen Beziehungen haben. Und vor allem empfehle ich Ihnen, einen HIV-Test durchführen zu lassen, bevor Sie mit dem Gedanken spielen, keine Präservative zu benutzen.

Wenn Sie mehrere Partner beziehungsweise Partnerinnen haben oder Ihren Partner beziehungsweise Ihre Partnerin häufiger wechseln, benutzen Sie bitte immer Präservative und klopfen Sie mit dem Penis nicht zu fest, damit sie nicht zerreißen. Meine Freunde haben mir berichtet, dass die Verwendung von Präservativen das Lustempfinden nicht im Geringsten beeinträchtige – weder für die Frau noch für den Mann. Und auch die Ejakulation der Frau wird dadurch nicht verhindert. Hingegen schützen Präservative wirksam vor Krankheiten, die beim Sex übertragen werden können.

Kunyaza als Antwort auf die sexuelle Emanzipation der Frau

In den letzten vierzig Jahren hat sich die Art, wie wir mit Sexualität umgehen, wie wir sie leben, auf der ganzen Welt sehr verändert. Mit der Emanzipation der Frau hat sich auch ihr sexuelles Verhalten weiterentwickelt. Frauen wagen immer mehr, ihre Wünsche zu äußern und auch zu sagen, ob sie zufrieden sind oder nicht. Und so kommt es, dass immer mehr Männer Angst haben, dass sie ihre Frau nicht richtig befriedigen können. Andererseits gibt es noch immer viel zu viele Frauen – nach der Zeitschrift *EMMA* vom März/April 2005 sind es 90 Prozent![29] –, die einen Höhepunkt vortäuschen, damit ihre Männer glauben, sie seien gute Liebhaber. Das trifft insbesondere auf Frauen im Westen zu. Die Autorin Tracey Cox kommentiert dieses Thema mit folgenden Worten:

„Wenn die Jury, die über die Vergabe des Oskar entscheidet, ernsthaft herausfinden wollte, welche Schauspieler und Schauspielerinnen die besten Leistungen erbracht haben, müssten sie eher in die Schlafzimmer schauen als auf die Leinwand: Hier spielen sich oftmals ziemlich überzeugende Szenen ab! Nicht wenige von uns haben irgendwann schon einmal einen Orgasmus vorgetäuscht. Falls Sie es nie getan haben, gehören Sie einer Minderheit an (oder Sie schwindeln)."[30]

Meine Herren, Sie brauchen keine Angst vor der sexuellen Emanzipation der Frauen zu haben! Mit Kunyaza habe ich Ihnen eine Methode an die Hand gegeben, mit der Sie zum „Liebesgott" werden. Wenden Sie Kunyaza so oft wie möglich an und verbessern Sie seine Wirkung durch Zärtlichkeiten beim Vor- und Nachspiel.

Und meine Damen, hören Sie auf, einen Orgasmus vorzutäuschen. Kunyaza ist eine Methode, die es Ihnen erlaubt, tatsächlich zum Höhepunkt zu kommen. Sie müssen nun nicht mehr schummeln! Bitten Sie Ihre Partner darum, sie anzuwenden.

Kunyaza wird Ihr Liebesleben revolutionieren. Ich bin sicher, dass es viel weniger Frustration im Bett gäbe, wenn mehr Menschen diese Methode praktizieren würden. Die Orgasmen würden nicht mehr vorgetäuscht und vielleicht gäbe es sogar weniger Scheidungen! Ich bin stolz darauf, Ihnen diese Praktik nähergebracht zu haben, die vielen Paaren wirklich helfen wird, ihren Sex fortan in vollen Zügen zu genießen.

Wenn Sie Fragen haben oder Probleme auftauchen oder wenn Sie mich an Ihren Erfahrungen teilhaben lassen wollen, schreiben Sie mir.

E-Mail-Adresse: *jmvbizi@yahoo.de*

Anhang

Die Geschlechtsorgane der Frau

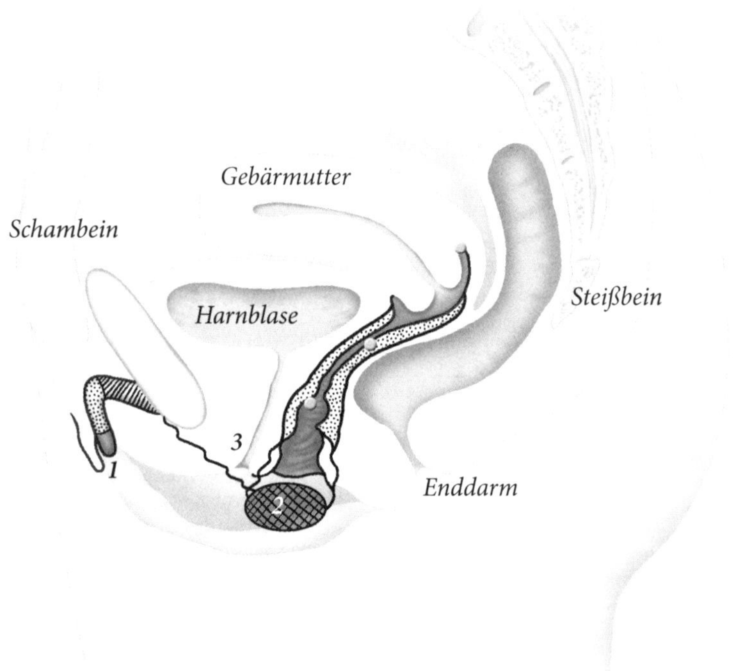

1. *Klitoris*
2. *Vorhofschwellkörper*
3. *„weibliche Prostata"*

Abbildung 15: Die Gesamtheit erektilen Gewebes (Seitenansicht)

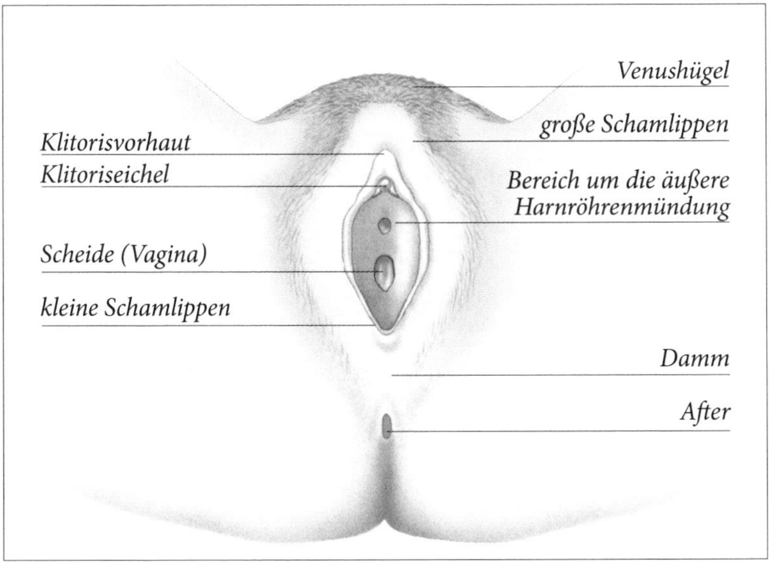

Abbildung 16: Vulva mit Schamspalte (Vorderansicht)

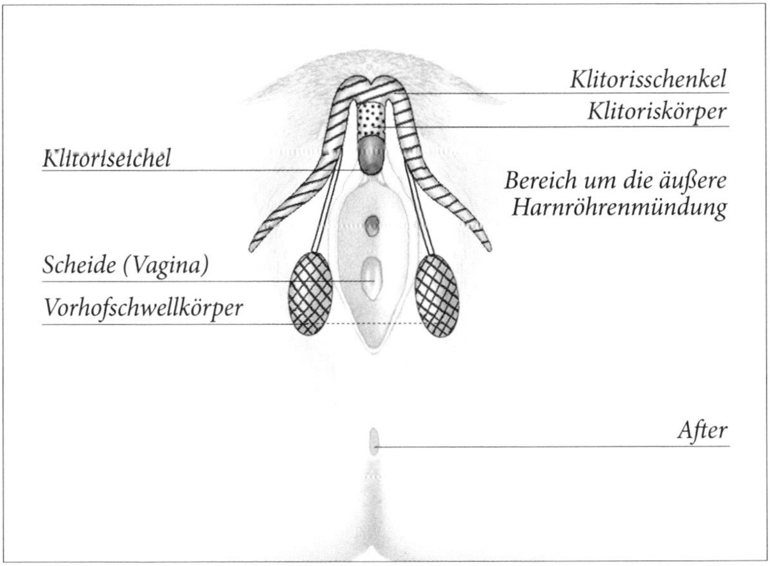

Abbildung 17: Die Schwellkörper der Vulva (Vorderansicht)

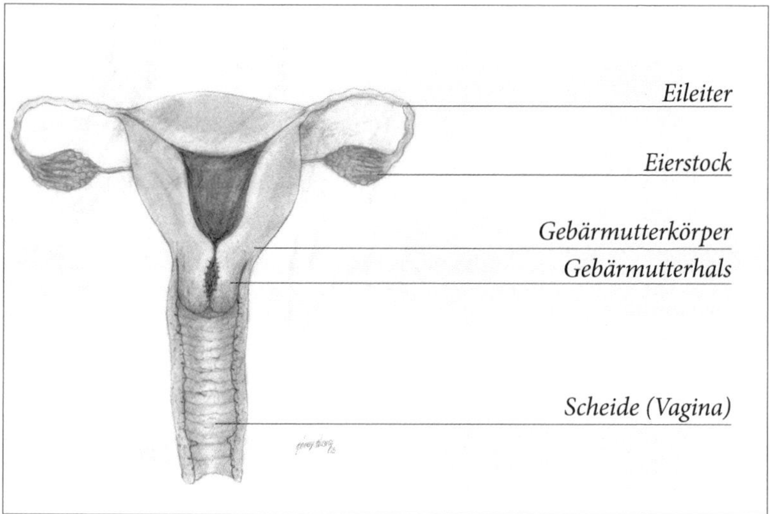

Abbildung 18: Die inneren Geschlechtsorgane

Die Geschlechtsorgane des Mannes

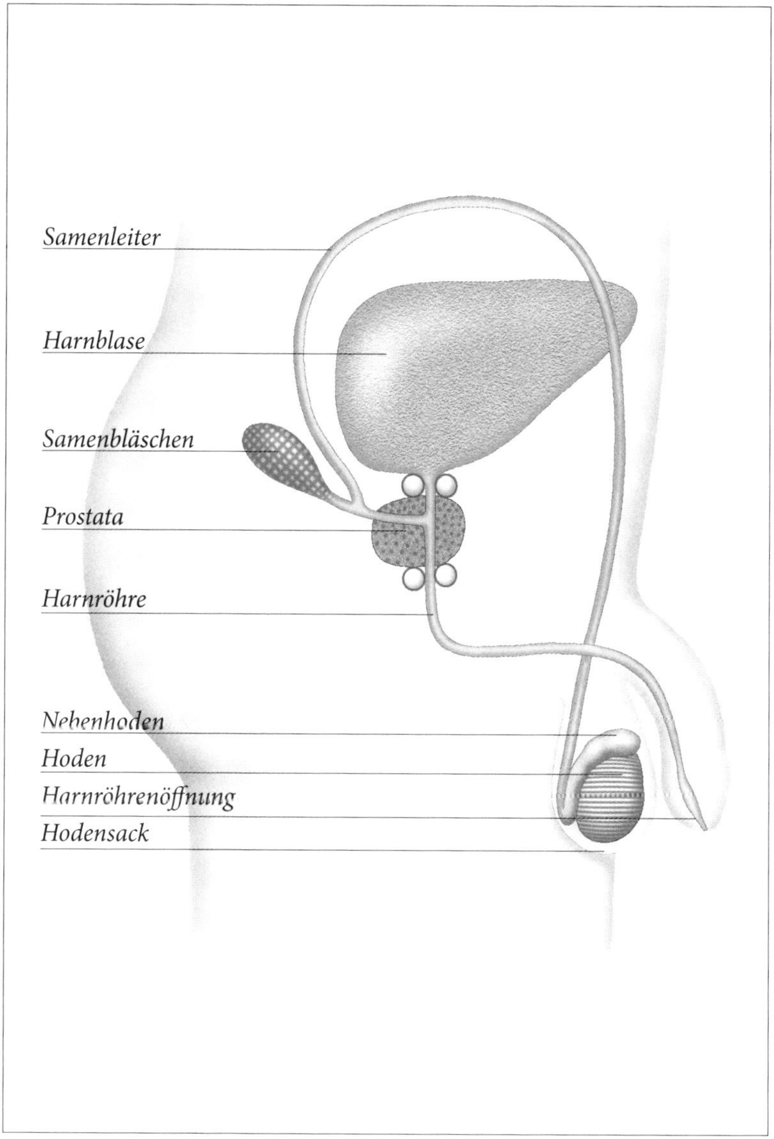

Abbildung 19: Die Samenwege

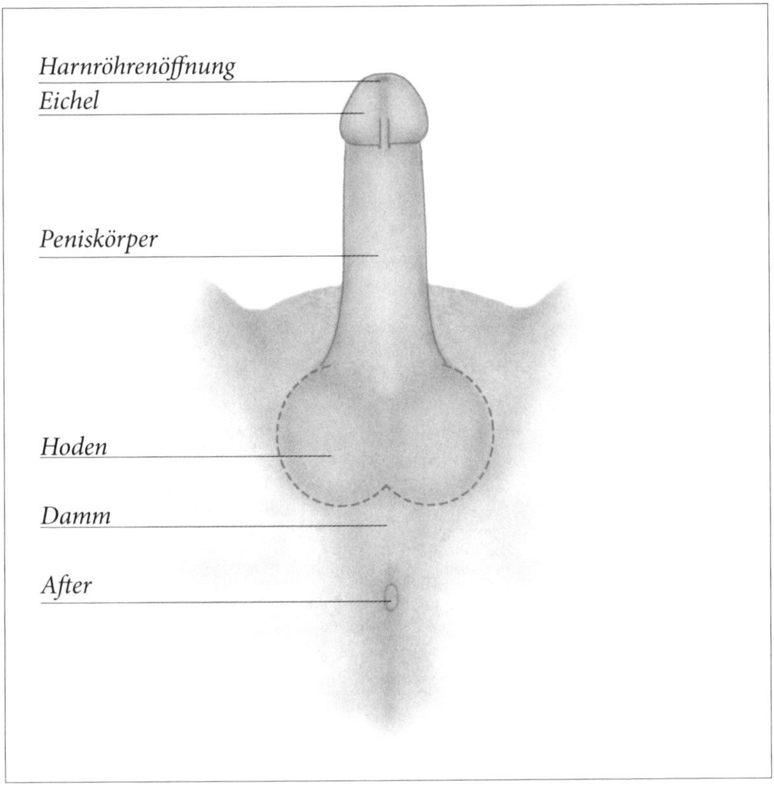

Abbildung 20: Die äußeren Geschlechtsorgane des Mannes

Anmerkungen

1 Die erste deutsche Ausgabe dieses Buches erschien im Jahre 2005 unter dem Titel *Weiblicher Orgasmus und weibliche Ejakulation dank afrikanischer Liebeskunst* bei Books on Demand GmbH, Norderstedt.

2 Pfleiderer, Albrecht; Breckwoldt, Meinert; Martius, Gerhard: *Gynäkologie und Geburtshilfe,* Seite 110

3 Eichenberg Christiane: „Internet Recherche"

4 Dieckmann, R., et al.: „Prävalenz sexueller Probleme bei Medizinstudentinnen", Seite 955 ff.

5 Storm, Klaus: „Erfüllter Sex gehört zum Leben"

6 Heiman, Dr. Julia R.: „Sexual dysfunction: overview of prevalence, etiological factors, and treatments", Seite 73 ff.

7 Buster, Dolly: *Und damit: Buster!,* Seite 77 f.

8 Bigirumwami, Aloys. *Imihango, n'Imigenzo n'Imizililizo mu Rwanda,* Seite 148 ff.

9 Musabyimana, Gaspard: *Sexualité, Rites et Moeurs sexuels de l'ancien Rwanda,* Seite 110–118

10 Lou Paget: *Der Super-Orgasmus,* Seite 20 f.

11 Nieden, Sabine zur: *Weibliche Ejakulation,* Seite 64 ff.

12 Diese Erfahrungsberichte stammen von der Website *http://etmoi.free.fr*

13 Die folgenden Beschreibungen sind dem Buch *Weibliche Ejakulation. Variationen zu dem uralten Streit der Geschlechter* (Seite 109 ff.) von Dr. Sabine zur Nieden (Psychozozial-Verlag, Gießen 2009) entnommen. Die befragten Personen waren zwischen vierundzwanzig und dreißig Jahre alt.

14 Die folgenden Gesprächsauszüge stammen aus Interviews, die ich mit meinen Landsleuten geführt habe.

15 Dr. Sylvia Tamale, „Eroticism, Sensuality and ‚Women's Secrets' among the Baganda: A Critical Analysis" [Erotik, Sinnlichkeit und Frauengeheimnisse der Frauen der ethnischen Gruppe der Baganda: eine kritische Analyse], Seite 9 ff.

16 Siehe unter *www.oiseaux.net*

17 Kinsey, Alfred C., et al.: „Sexual behavior in the human female", Seite 567 ff.

18 Mit „Schreien" ist hier wohlgemerkt nicht das lustvolle Schreien gemeint, sondern das Schreien vor Schmerzen.

19 Hertin, Katja: *Gut im Bett,* Seite 56

20 Cox, Tracey: *Hot Sex. Auf den* Höhe-*Punkt gebracht.* Goldmann Verlag, München 1999, Seite 144

21 Gesundheitsmagazin des Rundfunks Berlin-Brandenburg, Sendung vom 16. März 2005

22 Keesling, Barbara: *Sexual Healing,* Seite 82 f.

23 Paget, Lou: *Der Super-Orgasmus,* Seite 26 f.

24 Siehe unter *http://archives.healthdev.net/site/post.php? s=909*

25 Inzwischen ist der Begriff „Kunyaza“ auch auf der Website *Wikipedia Deutschland* erklärt.

26 Dirie, Waris: *Wüstenblume,* München, Verlagsgruppe Droemer Knaur, 2007, Seite 330 f.

27 Tamale, Sylvia: „Eroticism, sensuality and ‚women's secrets‘ among the Baganda: A critical analysis“, Seite 9 ff.

28 Musabyimana, Gaspard: *Sexualité, Rites et Moeurs sexuels de l'ancien Rwanda,* Seite 110. ff

29 Aus einem Werbungstext, der sich auf eine nicht näher erläuterte Studie der berliner Charité bezieht, in *EMMA, März/April 2005,* Seite 66

30 Cox, Tracey: *Hot Sex. Auf den* Höhe-*Punkt gebracht.* Goldmann Verlag, München 1999, Seite 161

Glossar

amavangingo: In Ruanda verwendetes Wort für das weibliche Ejakulat

Banyankore: Volksgruppe in Uganda, die Kunyaza praktiziert. Sie nennen diese Methode „Kachabali" (siehe dort)

buka: Eine der Stellungen beim Kunyaza, wörtlich: „die Kuh"

Cunnilingus: Sexuelle Praktik, die darin besteht, Klitoris, Vulva und Vaginaleingang seiner Partnerin mit der Zunge oder dem Mund zu stimulieren

Damm: Bei der Frau der Bereich zwischen After und Vaginalöffnung; untere Begrenzung der Vulva

disi: In Ruanda verwendetes Kosewort; man könnte es mit „Schätzchen" oder „Süße" übersetzen

erektile Dysfunktion: Bezeichnung für Erektionsstörungen beim Mann. Der Begriff „Impotenz" wird heute von Medizinern nicht mehr verwendet, weil er als abwertend betrachtet wird.

Fellatio: Sexuelle Praktik, bei der der Penis geleckt und im erigierten Zustand von den Lippen umschlossen wird, wobei mit dem Mund Auf-und-ab-Bewegungen ausgeführt werden

Femme fontaine: Deutsch: „Springbrunnenfrau"; Begriff, der in der französischsprachigen Welt für eine Frau verwendet wird, die beim Geschlechtsverkehr große Mengen an Ejakulat produziert und herausspritzt

G-Punkt: Bezeichnung für die Erhebung, die sich im Vaginalkanal der Frau bildet, wenn die weibliche Prostata und das umliegende erektile

Gewebe bei der Erregung anschwillt und auf die Vagina drückt. Diese Bezeichnung wird von den Anhängern der weiblichen Ejakulation verwendet.

gucishaho: In Ruanda üblicher Begriff für einen schnellen Geschlechtsverkehr, einen Quickie. Er wird außerdem auch für eine vorübergehende sexuelle Beziehung verwendet.

gukikira: Eine der traditionellen Stellungen des Kunyaza

gupfumbatana: In Ruanda verwendete Bezeichnung für eine Stellung, bei der Mann und Frau im Bett ausgestreckt einander zugewandt liegen und sich mit den Armen umschlingen

gutsiritana: In Ruanda verwendete Bezeichnung für das Ritual des „Sich-gegenseitig-Waschens"

ibinyare: In Ruanda verwendete Bezeichnung für das weibliche Ejakulat

ibiziriko by'ihene: Begriff, mit dem in Ruanda zu lange kleine Schamlippen bezeichnet werden

imboroza: Bezeichnung in Ruanda für einen Penis, der so groß ist, dass er Frauen vor Schmerzen zum Schreien bringt

inkari: In Ruanda und Burundi verwendetes Wort für „Urin"

intiritiri: Bezeichnung in Ruanda für ein Glied mittlerer Größe

kachabali: In Uganda von der Volksgruppe der Banyankore verwendete Bezeichnung für die Methode des Kunyaza

Kamasutra: Indische Liebeskunst

kingindobo: In Ruanda verwendete Bezeichnung für eine Frau, die viel weibliches Ejakulat produziert. Siehe auch *shami ry'ikivu*

kwerekerana: Eine der Stellungen beim Kunyaza

kwicaza: Eine der Stellungen beim Kunyaza

Massai: Volksgruppe in Kenia und Tansania

Masturbation: Manuelle Befriedigung des Partners oder manuelle Selbstbefriedigung

Missionarsstellung: Die in der westlichen Welt üblichste Stellung beim Geschlechtsverkehr, bei der die Frau mit geöffneten Beinen auf dem Rücken liegt, während der Partner auf ihr zwischen ihren Beinen liegt, um in sie einzudringen

nyabuninga: Bezeichnung in Ruanda für einen sehr kleinen Penis

nyabusa: In Ruanda verwendetes Kosewort, um Zärtlichkeit auszudrücken. Siehe auch *disi* und *shenge*

Östrogene: Von den Eierstöcken gebildete und ausgeschüttete Hormone, die unter anderem die Feuchtigkeit der Vagina beeinflussen

Paraurethrale Drüsen: siehe *weibliche Prostata*

Periurethrale Drüsen: siehe *weibliche Prostata*

Progesteron: Hormon, das von den Eierstöcken in der zweiten Hälfte des Menstruationszyklus erzeugt wird und während der Schwangerschaft eine wichtige Rolle spielt

prostataspezifisches Antigen (PSA): In der Prostata des Mannes erzeugtes Eiweiß, das charakteristisch für dieses Organ ist

rubinga: Synonym für *intiritiri*

rwasubutare: In Ruanda verwendete Bezeichnung für eine Frau, die trotz Stimulierung mithilfe von Kunyaza nicht ejakuliert

rwogamabondo: In Ruanda verwendete Bezeichnung für einen Penis, der so lang ist, dass er bis zur Gebärmutter reichen kann

Scheidenvorhof: Ein Bereich, der die Form eines Dreiecks hat und von den kleinen Schamlippen gebildet wird, dabei am Ende der Klitoriseichel beginnt und am Vaginaleingang endet und den Harnröhrenausgang mit einschließt

sha: Kosewort, das in etwa dasselbe wie *disi* bedeutet

shami ry'ikivu: Wörtlich übersetzt bezeichnet dieser Ausdruck einen Seitenarm des Kivu-Sees. In Wirklichkeit wird er in Ruanda für eine Frau verwendet, die viel Flüssigkeit ejakuliert. Siehe auch *kingindobo*

shenge: Kosewort, das in etwas dasselbe wie *disi* bedeutet

Tantra: Indische Liebeskunst. Siehe auch *Taoismus*

Taoismus: Sowohl eine chinesische Philosophie als auch eine chinesische Religion. Die sexuellen Techniken im Taoismus gleichen denen des Tantra und ermöglichen auch dem Mann, mehrere Orgasmen ohne Ejakulation zu erreichen.

Transsudat: Als Transsudat werden in der Medizin durch Epithelien (Haut- und Schleimhautzellen) hindurchtretende sowie aus Gefäßen austretende nicht-entzündliche Körperflüssigkeiten bezeichnet.

U-Punkt: Begriff, der in manchen Sex-Ratgebern verwendet wird, um die erogene Zone bei der Frau zu bezeichnen, die um die äußere Harnröhrenmündung herum liegt *weibliche Ejakulation:* Ausstoßung des weiblichen Ejakulats

weibliche Prostata: Organ, das aus Drüsen besteht, die um den Harnröhrenkanal herum in der Nähe der äußeren Harnröhrenöffnung liegen. Einige dieser Drüsen, die sogenannten „periurethralen Drüsen", geben ihre Sekrete direkt in den Harnröhrenkanal ab. Die beiden großen „paraurethralen Drüsen", auch Skene-Drüsen" genannt, scheiden ihre Sekrete über die paraurethralen Ausführungsgänge ab, die rechts und links der Harnröhrenmündung liegen. Die Anhänger der weiblichen Ejakulation bezeichnen die Gesamtheit dieser Drüsen als „weibliche Prostata".

weibliches Ejakulat: Bezeichnung, die in diesem Buch für die Sekrete der weiblichen Prostata und anderer Geschlechtsorgane im Becken- und im Bauchraum verwendet wird, die beim Geschlechtsakt produziert und ausgestoßen werden. Im engeren Sinne versteht man darunter nur die Flüssigkeit, die von der „weiblichen Prostata" ausgestoßen wird.

Literaturverzeichnis

Alzate, Heli; Hoch, Zwi: „The ‚G-spot' and ‚female' ejaculation: A current appraisal", in *Journal of Sex & Marital Therapy* 12. 1986, Seite 211–220

Arkady, Eva: *Petit manifeste du plaisir au féminin.* Jouvence Éditions, St-Julien-en-Genevois 2007

Bajos, Nathalie; Bozon, Michel (Hrsg.): *Enquête sur la sexualité en France.* La Découverte, Paris 2008

Bigirumwami, Aloys: *Imihango, n'Imigenzo n'Imizililizo mu Rwanda.* Nyundo/Ruanda, 1984 (zum Thema „Sexualität in Ruanda", Seite 148–155)

Buster, Dolly: *Und damit: Buster! Dolly Busters ultimativer Sex- und Beziehungsratgeber.* Schwarzkopf Verlag, Berlin 2004

Chalker, Rebecca: *The Clitoral Truth: The Secret World at Your Fingertips.* Seven Stories Press, New York 2000

Cox, Tracey: *Hot Sex. Auf den* Höhe-*Punkt gebracht.* Goldmann Verlag, München 1999, Seite 144

Dieckmann, R., et al.: „Prävalenz sexueller Probleme bei Medizinstudentinnen", in *Der Urologe* A 43 (8). 2004, Seite 955–962

Dirie, Waris: *Wüstenblume.* Verlagsgruppe Droemer Knaur, München 2007

Eichenberg Christiane. „Internetrecherche", in *Deutsches Ärzteblatt* 2001, 98 (11), Seite 25

EMMA. März/April 2005, Seite 66

Federation of Feminist Women's Health Centre: *A New View of a Woman's Body.* The Feminist Press, New York 1991

Gräfenberg, Ernst: „The role of the urethra in female orgasm", in *The International Journal of Sexology* 3. 1950, Seite 145–148

Heiman, Dr. Julia R.: „Sexual dysfunction: overview of prevalence, etiological factors, and treatments", in *Journal of Sex Research* 39 (1). 2002, Seite 73–78

Hertin, Katja: *Gut im Bett.* Rowohlt Verlag, Reinbek bei Hamburg 2004

Hofmann, Corinne: *Die weiße Massai.* Verlagsgruppe Droemer Knaur, München 2000

Keesling, Barbara: *Der beste Sex Ihres Lebens. Wie Frauen nicht genug bekommen.* Hugendubel Verlag, München 2009

Keesling, Barbara: *Sexual Healing. The Completest Guide to Overcoming Common Sexual Problems.* Hunter House, Alameda/Kalifornien 2006

Kinsey, Alfred C., et al.: *Sexual Behavior in the Human Female,* W. B. Saunders Company, Philadelphia und London 1953 (deutsche Ausgabe: Kinsey, Alfred C., et al.: *Kinsey Report. Das sexuelle Verhalten der Frau.* Fischer, Frankfurt am Main 1963)

Musabyimana, Gaspard: *Sexualité, Rites et Moeurs sexuels de l'ancien Rwanda: Une facette de la culture rwandaise traditionnelle.* Brüssel, 1999

Nieden, Sabine zur: *Weibliche Ejakulation. Variationen zu einem uralten Streit der Geschlechter.* Psychosozial-Verlag, Gießen 2009

Paget, Lou: *Der Super-Orgasmus. Höhepunkte zum Abheben.* Goldmann Verlag, München 2001

Pfleiderer, Albrecht; Breckwoldt, Meinert; Martius, Gerhard: *Gynäkologie und Geburtshilfe.* Thieme Verlag, Stuttgart 2001

Sampa, Kangwa: „New Sex Technique", in *Namibian Newspaper.* Windhoek/Namibia, 27. November 1998

Society for Women and AIDS in Africa: „Popularizing female condoms: Try telling the truth" (Bericht über die Internationale Konferenz zum Thema „Aids", die in der ruandischen Hauptstadt Kigali vom 24. bis 28. Juli 2005 stattfand), *http://archives.healthdev.net/site/post.php?s=909*

Storm, Klaus: „Erfüllter Sex gehört zum Leben", auf *www.storm-apotheker.de/htm/aktuelles/ aktuelles_sex.htm*, Stand: Juni 2003

Sundahl, Deborah: *Weibliche Ejakulation & der G-Punkt.* Hans-Nietsch-Verlag, Freiburg 2006

Tamale, Sylvia: „Eroticism, sensuality and ‚women's secrets' among the Baganda: A critical analysis", in *Feminist Africa – Sexual Cultures,* 5. Ausgabe, 2005, Seite 9–36

Weltgesundheitsorganisation (WHO): „Rapport mondial sur la violence et la santé". Genf/Schweiz, 2002

Internetseiten

www.wikipedia.de
http://etmoi.free.fr
www.who.int/en/news-room/fact-sheets/detail/female-genital-mutilation (Weltgesundheitsorganisation [WHO])

DVDs zum Thema „weibliche Ejakulation"

Perry, Dr. M.: *The Amazing G-Spot and Female Ejaculation*, Pacific Media 2006
Sundahl, Deborah: *Female Ejaculation: The Workshop*, Isis Media 2008
Sundahl, Deborah: *Female Ejaculation for Couples: Share Your G-Spot*, Isis Media 2004

Yoni
Massage
MICHAELA RIEDL
Entdecke die Quellen weiblicher Liebeslust
sinnlich · energetisch · spirituell

deborah sundahl
weibliche ejakulation
&
der G-Punkt
entdecken Sie die geheimnisse des g-punkts und erfahren Sie alles über weibliche ejakulation als weg in eine neue dimension spiritueller und körperlicher heilung
weiblich, wild und überfließend: wie frauen ihre natürliche fähigkeit zur ejakulation entdecken und sich so ihrer leidenschaft, kraft und energie bewusst werden können